凡人
でも上場できる！
起業の黄金ルール

浜口 直太
Hamaguchi Naota
【著】

日本実業出版社

まえがき

本書のタイトルに、〈凡人でも上場できる！〉とあります。これは本当のことです。実は私自身、自分のことを「凡人」いや「バカな人間」と思っていますので、このフレーズをタイトルに冠することとしました。

日・米・アジアで国際ベンチャーコンサルタントとして、数々の上場支援を手がけてきた私には、「その気になれば、誰でも上場できる」という信念があります。

「そうは言っても、浜口さんは、米国の競争激しい大手国際会計・経営コンサルティング会社のニューヨーク本社やダラス事務所で計10年プロフェッショナルとして勤め、その間、米国の経営大学院（ビジネススクール）の修士・博士課程で学びながら、ビジネススクールでも教えていたではありませんか？　凡人じゃあないでしょう？」

ごもっともなご指摘です。しかし、それには話せば長くなる裏事情があります。

まず、私は中学・高校時代、大変な劣等生で、とにかく勉強ができませんでした。親が切望して受験した高校も、とても入れるレベルではなかったのです。が、直前に過去すべての入試問題の出題頻度を分析し、ヤマをはり、見事当てて「入れてもらった」のです。

奇跡で入ったため、高校での成績はいつもビリでした。とくに英語は、赤点（１００点満点中30点未満で、通常追試を受けなければならない点数）の常習犯でした。英語科だった担任の先生も、絶えず頭を抱えていた次第です。

暗記力が極端に低く、覚えた先から忘れていくのです。小学校に受けたＩＱテストもほとんどできなかったのを、今でもはっきり覚えています。ですから、暗記中心の日本の偏差値教育にはまったくついて行けませんでした。

大学進学においても、付属高校でしたが、推薦試験に落ちてしまったのです。でも、高校の先生方の慈悲で何とか入れてもらった次第です。

「いい加減、敗者復活しよう！」と、大学卒業前に、米国のビジネススクールを7校受けました。1校ぐらいは受かるのでは、とかすかな期待を寄せていましたが、見事に全校落ちてしまいました。

悲劇は「どこかに潜り込めるだろう！」と高をくくって、合格発表前にすでに渡米していたことです。それで、「これからどうしたらいいのだろう？　もしかしたら、私はこれから米国でジョブレス兼ホームレス生活をするのでは？」と途方に暮れてしまいました。

そんな時です。ある新聞で、当時憧れていた世界最大級の国際会計・経営コンサルティング会社の求人募集広告を発見したのは！　米国のビジネススクールに行きたかったのも、卒業後その会社で修業をしたかったからなのです。

「ダメでもともとだ！　当って砕けろ！」と自分に言い聞かせ、勇気を振り絞ってニューヨーク本社へ面接に行きました。そうしたら、その場で「即採用」という奇跡が起きました！

実力で入ったのではありません。そのコンサルティング会社の担当部署では日本語ができる会計士やコンサルタントがあまりにも不足していたため、「猫の手も借りたい」超多忙状態だったのです。「猫よりましだろう」という、3人の面接官の妥協とお情けで試しに採ってもらっただけなのです。ですから、いつクビになってもおかしくない毎日でした。

自分でも「よく10年も続いたなあ……」いや、「会社も私のようなできない人間を雇い続け、よく我慢したなあ……」と今でも感心します。本当に当時私を雇ってくれた、世界に10万人以上のプロフェッショナルを有するＫＰＭＧ社（最初の会社）とプライス・ウォーターハウスクーパース社（後にヘッドハントしてくれた会社）に大感謝です。

しかし、今だから気楽に言えますが、私がどれだけミスや失敗を犯し、両社に迷惑をかけたことか、思い出すだけでぞっとします。ごめんなさい！

また、その後、頭の悪い私がビジネススクールに入れたのも、裏口入学みたいなものです。コンサルティング会社での経験を買われて、まず、元学部長で当時会計学科長をしていた、国際会計学では世界的権威のアドロフ・エントーベン教授の助手として採用になりました。

それも、長年助手だった人が急病で倒れ、たまたま私が、その直後に助手に応募したからなのです。私以外に30人以上の優秀な人が先に応募していましたが、次の日からすぐに仕事ができるのは私だけだったのです。

ビジネススクールでの実力者であり、大学でも絶大なる権力を握っていたエントーベン教授の強力な推薦をもらい、先に彼の助手になっていたため、ほとんど無試験で大学院生としての資格も得ました。

案の定、何度も教授会で退学処分を検討されるくらい成績は超低空飛行を続けました。いつ本当に退学になるのか、学期が終わるごとに、成績通知表を受け取るまで戦々恐々としていました。

ところが、そうこうするうちに修士課程・博士課程を終えてしまいました。実に7年かかりました。凡人以下の私としては、これも奇跡としか言いようがありません。現にビジネススクールの友人たちも、「奇跡の卒業」とか「テキサス大学ビジネススクール始まって以来の七不思議のうちの一つ」と言っておりました。

そもそも、勉強ができず英語が大の苦手だった私です。やっとの思いで日本の大学を卒業したのもつかの間、在学中に憧れるようになった「国際ベンチャーコンサルタント」になることを夢見て、後先考えず本場米国にとっとと渡ってしまいました。

本当に無謀でした。でも、バカで無謀だったから、常識で考えたらできないことも、体当たりでやってこられたのだと思います。

今では、「バカで良かった！」と思っています。そうでなければ、すぐに諦めていたことでしょう！　その生き方が、起業・上場支援においてもいい方向に発揮されてきたようです。

なんとか、奇跡的にクビにならずに、10年間2社のコンサルティング会社を勤めあげ、夢であった「国際ベンチャーコンサルタント」として、米国で独立しました。独立後、インキュベーション事業を始め、かかわった52社のうち、12社を上場、13社には他社との合併・買収（M＆A）で応援させていただけたことは、忘れられない貴重な体験です。

その間、資金調達面においても、起業家への支援をさせていただきました。米国というスケールの大きな国ということもあり、調達支援総額は１２００億円を優に超えました。それができたのは、「黄金の思い出」です。

ですから、本書のタイトルが『……黄金ルール』になっているのは、凡人以下の私にとっては、その秘密を解き明かしたという意味でもあるのです。

「国際ベンチャーコンサルタント」とは、起業を国際的に支援し、上場をサポートしたり、M＆Aを仕掛けて推進するプロフェッショナルです。

凡人以下である私が、普通の社長さんのお手伝いをして、どんどん上場させることができた時、上場に必要なのは能力ではなく、コツ、つまり「ルール」を押さえていればいいことが、よくわかってきました。

おそらく、私は人生のある限り、このルールを使って、起業家を支援し続けていることでしょう。起業し上場できるかどうかにおいて、年齢・性別・学歴・経験・知識・出身・育った環境等は一切関係ありません。必要なのは「勇気ある行動」のみです。

もっと言いますと、「凡人でも起業でき、上場できる」のではなく、「凡人だから、凡人である社員のハートをつかむことができ、起業でき、上場できる」のです。

長いようで短いたった一度の人生です。自分の可能性に賭けてみませんか？　自分のやりたいことに賭けてみませんか？

起業で成功する秘訣は、「成功するまで失敗し続けること」です。成功した起業家はみな、そうしてきました。とにかく、あまり考え悩む前に「勇気」を搾り出し、「行動」あるのみです。

ルールの内容をより理解していただくために、過去私との接点があり、本文中で紹介させていただいた、次の企業や組織の関係者、とくに創業者やトップ、経営陣・役員の方々には、この場を借りて心より感謝申し上げます。

アップル・コンピュータ、アマゾン・ドット・コム、イー・アクセス、EDS、イオンファンタジー、イマジニア、HIS、エン・ジャパン、ヴァージン・グループ、ウォルマート、オラクル、オンランプ、グーグル、クラブ・コーポ・インターナショナル、グッドウィル、京セラ、ケンタッキー・フライド・チキン、サイバーエージェント、ザインエレクトロニクス、サン・マイクロシステムズ、サンリオ、スターバックス、セブン&アイ・ホールディングス、ゼネラルエンジニアリング、ソフトブレーン、ソフトバンク、ソフトバンク・インベストメント、ソニー、タスコシステム、第二海援隊、デル・コンピュータ、トラメル・クロウ、ドン・キホーテ、バークシャー・ハザウェイ、パソナ、ヒューレット・パッカード、ファンケル、フォーバル、ブックオフコーポレーション、ブリンカー・インターナショナル、マイクロソフト、マクドナルド、ミサワホーム、村上ファンド、メアリー・ケイ、メディアシーク、ヤフー、USEN、楽天、レインウォーター・インク、ワタミ

etc.

最後に、20年以上にわたる日・米・アジアでの起業家に対する起業・上場支援の体験から一言。

「絶対に成功させると決めた起業家こそが、凡人でも必ず上場できるのです！」

浜口直太

■著者エージェント　アップルシード・エージェンシー
■装幀・本文デザイン　井上新八

目次

第1章

凡人が起業するための黄金ルール

PAGE 017

第2章

自分の会社を創り上げるための黄金ルール

PAGE 055

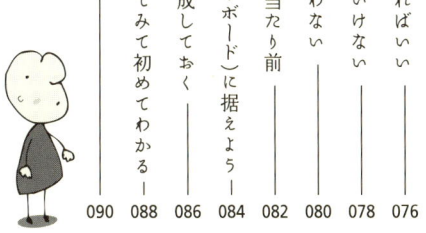

第3章

会社を軌道に乗せるための黄金ルール

PAGE 093

第4章

会社を急成長させるための黄金ルール

PAGE 131

第5章 会社を上場させるための黄金ルール

PAGE 169

第1章

凡人が起業するための黄金ルール

夢や志がなくても、好きなことで起業していい

「よく、成功した起業家が起業するには、まず夢や志を持ちなさいと言われます。すぐにでも起業したいのですが、今のところ夢や志はありません。しっかりした夢や志が持てるまで、起業するのは待ったほうがいいでしょうか？」

起業に関する私の講演が終わるやいなや、二十代後半の青年が質問してきました。これは、私も米国にいた頃、教育事業で起業しようとしていた際、自問しさまざまな方に相談したことです。たまたま、当時私がいたテキサス州のダラスに来られたソニー創業者の一人である故盛田昭夫氏に、同じような質問をしました。盛田氏は即座に答えてくれました。

「そんなものはいらないよ！　**好きなことで起業したければすればいいじゃないか。会社も成長すれば、夢や志なんて、自然と後からついて来るよ。**僕もそうだったから。会社が大きくなってから格好つけて夢や志は語ったけど、実は井深大という人間に惚れ、とにかく彼といっしょに仕事がしたかったんだなあ……。だから、彼の起業を手伝ったまでさ。若いんだから、あまり考えずに自然体でやりたいことをすればいいじゃないか……」

なるほど、目からウロコ状態となりました。

起業するのに夢や志はあるに越したことはありません。しかし、「絶対に必要か？」、「ないと成功できないか？」と言いますと、成功した起業家を見てみると、必ずしも最初から夢や志があって起業した人は、かえって少ないくらいです。

前に顧問をしていた米国デル・コンピュータの創業者マイケル・デル会長にも、同社が日本進出について相談された折に、同じような質問をしたことがあります。彼も、こう言いました。

「夢や志が最初からあったわけじゃないさ。ただ単にＩＢＭより便利で安くて質が良いパーソナル・コンピュータを自分の手で造り、多くの人に売りたかっただけだよ」。

起業する際のポイントは、現実には夢や志を持つことではなく、寝食忘れるぐらい好きなビジネスを見つけ、楽しくそれを始めることです。まだ、成長する前から夢や志など大きく構える必要など全然ありません。

ぜひ、好きなことで起業してみてください。

最初からあまり張り切り過ぎないほうが、起業はうまくいく。

社長に向かないと言われたら起業しよう

私が米国にいた時、昼間は経営コンサルティング会社を経営し、夜はテキサス大学経営大学院（ビジネススクール）で講師をしていました。その時、同大学院の講師仲間でコンピュータ関連科目を教えていたジェフ・スミスと言うアメリカ人がいました。

ある年、テキサス州が不景気なため、大掛かりな予算カットをしました。その影響を受けて、州立であるテキサス大学でも、突然、助手や講師の多くを解雇しました。

ジェフもその解雇された一人です。友人であることから、ジェフは、私に再就職のため、コンピュータや情報通信企業に紹介・推薦してほしいと頼んできました。

そのため、私はコンピュータ・情報通信関連企業約30社の社長に直接連絡し、彼との面接をお願いし、設定していただきました。ところが、彼は「コンピュータおたく」だったため、話しベタで暗いイメージがあり、面接したすべての会社に断られてしまいました。

仕方なく、何をしたいのか聞いたところ、ジェフは「起業したい！」と言うのです。

私には、彼がけっして社長には向かないと１００％の自信がありましたので、やめるよう説得しました。

でも、彼は頑固でまったく聞き入れません。それどころか、私にも手伝ってほしいと言うのです。

100歩譲って、立ち上げだけ手伝うことにしました。しかし、彼だけでは不安なので、支援する条件に、彼の短所をよく知っている友人で、私が納得できる人を補佐として連れてきたらOK、ということにしました。なんとジェフは、高校時代の同級生で、当時大手投資銀行でバリバリ働いていた優秀な金融マンを連れてきたのです。

2人は創業にあたり、できるだけお金をかけたくないと言うので、無料で私の会社の倉庫のような部屋を貸してあげました。その会社はたった3年で大きく成長し、大手情報通信会社に買収されました。

そのお陰で、**ジェフたちは、個人資産700億円を手にしたのです**。

みなさんも、「あなたは社長に向かない」と言われたら、それをバネに「なにくそ！」と起業してみて下さい。ジェフのように、とんでもないハッピーな人生が待ち受けているかも知れません。

起業家はいいパートナーを見つければ、思わぬ成功を収められる。

起業する前からメリットやデメリットを考え過ぎない

「起業することを考えていますが、デメリットを考えるとなかなか踏み出せません。どうしたらよろしいでしょうか」

東京大学法学部を卒業し、大企業で部長をされている、私より10歳以上年上の方から突然質問を受けました。前々から仕事ができ頭のいい人だな、というのが、私のその方に対する印象でした。彼が起業すべきかどうかを聞かれても、本人ではない私にはなんとも答えようがありません。

そこで、起業において最も大事なポイントを聞きました。

「経験・知識・人脈において、十分なような気がしますが、起業されたいのですか？」

「はい、起業したいです」

「では、起業されたらどうでしょう」

「でも、（起業の）シミュレーションをしてみたら、いろいろな問題点が浮き彫りになり、その割にはメリットがあまりないようなのですが……」

実は私も米国で起業する際、同じように徹底的にシミュレーションしたため、かえって悩みました。考えれば考えるほど、問題点ばかりが出てくるからです。しかし、思ったのです。「じゃあ成功した人たちは、起業時は何も問題がなかったのか？」と。

それで、図々しくも、当時私が米国で顧問をしていた、大成功した起業家に直接聞いてみました。

今思えば、錚々たるメンバーです。

世界最大の小売業「ウォルマート」のサム・ウォルトン会長、米国最大級のゴルフ場運営会社「クラブ・コーポ・インターナショナル」のロバート・デッドマン会長、世界最大のパソコン・メーカー「デル・コンピュータ」のマイケル・デル会長、大手化粧品会社「メアリー・ケイ」のメアリー・ケイ・アッシュ名誉会長、大手不動産会社「トラメル・クロウ」のトラメル・クロウ名誉会長、大手投資会社「レインウォーター・インク」のリチャード・レインウォーター社長……。

彼らはみな、口を揃えて同じようなことを言いました。

「創業当時は毎日が戦争状態で死ぬ思いをしました。問題がない起業などあり得ません！」

最終的に起業できるかどうかは、「勇気」です。成功する保証など誰にもないのですから。

オマケの黄金ルール

不安になるのは起業の厳しさをわかっている証拠。前に進もう。

家族に反対されたらチャンス

「起業する際、真っ先に相談する相手とは誰ですか?」

と聞かれたら、ほとんどの人は家族と答えるでしょう。独身なら、両親や兄弟・姉妹、既婚なら奥さんやご主人など。もし、その時に大事な人に真っ向から起業することを反対されたらどうしますか。通常、諦めるか先延ばしにすることでしょう。

実は、家族に反対されても起業した場合、起業の成功率が高まるのをご存知でしょうか。

私は、米国のビジネススクール(経営大学院)で教えていた時、「起業論」というケーススタディのクラスで、受講していた大学院生たちに、テキサス州の起業家を対象にアンケート調査をしてもらいました。

驚くべきことに、家族に「反対」されて起業した場合と「賛成」されて起業した場合とでは、圧倒的に「反対」されたほうが起業の成功率が高いことがわかりました。

ふつうは、逆を想像しますよね。その理由も調査したところ、家族に反対されても起業した場合、最初はひるむのですが、「どんなことがあっても、絶対に成功させるぞ!」「成功するまでやめないぞ！」という強い決意と不屈の魂で、最初から全力で会社の経営にあたる、ということがわかってきました。逆に、起業に対してみんなが賛成したら、反対者がまわりにいるのに比べ、気が緩んでうまくいかないのです。

「**起業とは、すべてとの戦いです。総力戦です。大事な人から反対されるくらいのほうが真剣になっていいのです**」

短期間でゴルフ場運営ビジネスを立ち上げ、1000億円以上の売上の企業にし、業界ナンバーワンになったロバート・デッドマン氏が、顧問である私によく語ってくれました。

成功した他の起業家からも同じことを何度も聞きました。デッドマン氏は、弁護士という安定した職業を捨てて起業したのです。当時、奥さんをはじめ、家族に大反対されたそうです。

「せっかく苦労してようやく弁護士になり、かなり稼げるようになったのに、起業で失敗したらどうするの？」

奥さんからの詰問に彼は言いました。

「失敗したら、またゼロからやり直せばいいじゃないか」

最初からあまり張り切り過ぎないほうが、起業はうまくいく。

まず100件以上の起業ネタ探しから

起業家で成功している人の共通点がいくつかあります。

その一つは、起業する前に、かなり多くのネタを考え、総合的に判断して一番有利で勝てそうなビジネスに絞り込んで始めることです。実行した有名な起業家には、日本ならソフトバンクの孫正義社長、米国ならば、アップル・コンピュータのスティーブ・ジョブズ最高経営責任者（CEO）がいます。

一見、競合が激しく見えるソフトウエアやコンピュータ業界でも、業界事情に精通している起業家予備軍にはチャンスがたくさん転がっています。細かいこと、新しいことを考え始めれば、アイデアはいくらでも出てくるはずです。

「より多くの起業ネタを考え出し、その中から絞り込んでベストなものを選べば、起業での成功率は高まる」

これは、私がテキサス大学経営大学院（ビジネススクール）で教えていた頃、大学院生を使ってアンケートをしてもらった結論の一つです。もちろん例外もありましたが、起業のネタを考えた数と、その起業家が成功した確率は、統計的に相関関係がありました。

１００件以上考えるというのは、大変なことです。極端な数字ではありますが、私に言わせれば、それだけのネタが考えられること自体、起業への情熱と潜在能力の高さを証明するものです。

１００件以上とは、おそらく世の中のニュービジネスのかなり可能性を考えることを意味します。

私がテキサス大学経営大学院で「起業論」のクラスを教えていた際、実際に受講生に課題を出しました。

「１００件以上の起業ネタを列挙し、その中で一番成功するであろうビジネスの簡単な計画書を作成せよ」

ビックリするような素晴らしいアイデアが続出しました。なかには各人が出した起業のアイデアをまとめ、大企業の新規事業担当者に売り込むという起業ネタまで飛び出しました。そのクラスには32人の受講生がおりましたので、受講者間のアイデアが重なっていなければ、全部で３２００件の案が出てきたことになります。すごいことです。

プロでなくてもすばらしいアイデアは出せる。

最初は失敗することを前提に

起業家のプレゼンテーションを聞いていて、いつも不思議に感じることがあります。失敗することを念頭に置いていないことです。

とくに、投資家へのプレゼンでは、ほとんどの起業家が、そのビジネスがまるで１００％うまくいくかのように話します。20年以上日・米・アジアで起業家支援をしてきた私には、どうしてもそれが理解できません。

起業してもほとんどの人が、最初は失敗するからです。

なぜかと言いますと、あくまでも理論的・理想的な仮説を立て、それを計画に落とし込むわけですから、その仮説が少しでも違えば、その結果もかなり違ってくるからです。つまり「**どんなビジネスでも理屈ではなく、やってみないとわからない**」のです。

ワタミの渡邉美樹社長、ファンケル創業者の池森賢二氏、ブックオフコーポレーションの坂本孝社長など、みなさんがよく知っている成功起業家も、創業当時は事業が予定や計画通りにいかず、死ぬような思いの苦労をされています。

もし、最初から成功を前提に起業した場合には、失敗への免疫がないため、ビジネスそのものが終わってしまうのです。ビジネスには、何をやっても100%大丈夫ということはなく、いつも失敗するリスクを負っています。

私はいつも、「まず大いに失敗しよう！　そして、その失敗から多くを学ぼう！」と起業家に語っています。よく「失敗は成功のもと」と言われますが、私は起業においては逆で「成功は失敗のもと」だと思っています。と言うのは、大失敗した起業家に限って、最初にラクして成功したのです。そのため、経営姿勢が甘くなってしまうのです。

その点、セブン&アイ・ホールディングスの創業者である伊藤雅俊名誉会長は、すぐれた経営者の典型でした。伊藤氏が米国にあるセブン-イレブンの本家（当時サウスランド社）を買収した時、私はテキサス州ダラスで初めてお会いしたのですが、同社が業界において大躍進し利益率ナンバーワンだった全盛期の当時でさえ、「明日会社が潰れるかも知れない！」という危機感を持って経営にあたっていらっしゃいました。

だからこそ、今日の成功があったのでしょう。

オマケの黄金ルール

能力・経験・知識・人脈・資金力よりも「切実な危機感」が大事。

凡人だからこそ起業しよう

どういうわけか、起業する人は特殊な能力があると思われています。

起業とは、たしかにビジネスモデルを構築し組織を作って、社員を雇い引っ張っていくわけですから、骨が折れる作業ではあります。

しかし、私の経験からすると、サラリーマンをやっているほうがもっと大変です。好きでもないことを長々やらされて、上司から叱られ、部下から難題やつまらないことを持ち込まれ、同僚から冷ややかな目で見られる。勤めていてこんな経験はありませんか？

そもそもなぜ私が起業しようと思ったかと言いますと、サラリーマン・コンサルタントとして出世を続けていく自信がなかったからです。

起業する直前まで米国で勤めていた大手国際会計・経営コンサルティング会社では、世界中に10万人以上もプロフェッショナルがおり、社内には、「進まざるは脱落」という雰囲気がありました。どんどん成果を出して出世しなければ、とても居づらいのです。

プロフェッショナル・ファームですので、こんなことはあたりまえと言えばあたりまえなのですが、私みたいに、昔から勉強がまったくできなかった人間にとって、「超」頭のいい人たちと仕事をすることは、拷問に近いものがありました。優秀な後輩も力をつけどんどん上がってきます。

おそらく、大企業はどこでもそうではないかと思いますが、私のような凡人からすると、あまりにも頭がよく、できる人が多過ぎて、スタートラインから一緒に競争してもビリになることは目に見えているのです。

でも、**自ら起業し会社を経営することは、自分の能力に合わせて、自分のペースで仕事ができます。**

松下電器産業創業者で「経営の神様」と言われた故松下幸之助氏は、お会いした際にしみじみと言われていました。

「病弱で高等教育も受けられへんかったし、他に選択があれへんかったんで、しぶしぶ起業したわけですわ。でも、自分がアホと思とりましたんで、優秀な人をすぐ雇ったんでんねん」

凡人が起業したら、優秀でないぶん経営も工夫するので、実は強くなれるのです。


自分が優秀でなければ、できる人と組むか、あるいは雇えばいい。

「力を蓄えてから起業」なんて今どき流行らない

「起業するなら、まずその業界にある会社に勤めて経験・知識・人脈・信用力をつけてからのほうがいい」

とよく言われます。私は、それは一般論であり、あまり賛成できません。

起業するタイミングは、やる気さえあれば、若ければ若いほどいいと思います。

起業で大成功した経営者を見て下さい。スティーブ・ジョブズ、ビル・ゲイツ、マイケル・デル、孫正義、渡邉美樹……。彼らはみな、学生時代か卒業直後に起業しています。ほとんどサラリーマン経験なしです。それでも、世の中に大きな影響力を持つ大起業家になっています。

彼らはまだ、三十代から四十代です。まだまだ事業を拡大できます。

携帯電話向け情報配信のイマジニア（ジャスダック上場）を率いる神蔵孝之社長はかつて、尊敬する先輩起業家であるミサワホーム創業者・三沢千代治氏から、こう言われたそうです。

「起業するなら若いほうがいい。できれば二十代のうちに」

その理由は簡単でした。起業には体力と気力と知力がいるからです。

三沢氏が言われるように、**体力・気力・知力で総合的に最もすぐれている時期は二十代です。**私も起業してみて思うのです。「二十代、できればその前半に起業するべきだった！」と。

私が携わる経営コンサルタント業で起業するためには、経験・知識・人脈・信用力が必要であることが業界の常識になっています。しかしながら、実際に米国と日本で、経営コンサルティング会社を経営してみて、その考え方はもう古いことに気づきました。

学生時代や高校・大学卒業直後から経営コンサルティング業を始めて、成功している人は世の中にいっぱいいます。ポイントは、最初からあまりお金をかけないように、また失敗してもいいように、小さく始めればよいのです。

大きく始めるから取り返しがつかないくらいの大失敗をしてしまうのです。

もし、あなたが若過ぎるという理由で起業をためらっているならば、ぜひ勇気を出して起業してみて下さい。失敗したらまたやり直すなり、勤めればいいじゃないですか！

それも若いからこそ許され、堂々とできるのです。

学生起業家で成功するには、「怖いもの知らず」を売り物にしよう。

会社をクビになったら起業しよう

すでにご紹介しましたが、私の米国での友人で、後に起業家として成功するジェフ・スミスは、勤務先であるテキサス大学コンピュータ学部から講師の職を突然解雇されました。同情した私は、30社以上のコンピュータ・情報通信関連会社を紹介し面接させました。しかし、暗くて印象が悪かったため、すべての会社から断わられてしまいました。ジェフは、最後の頼みで起業しました。驚いたことに、会社は急成長し、３年後大手通信会社に買収され、彼は一夜にして７００億円の資産を作ったのです。

このケースはあまりにも極端ですが、日・米・アジアで起業のお手伝いをしていて、似たようなケースにたくさん出くわしてきました。**会社に勤めて成功・出世できる能力と、起業で成功する能力は違うのです**。ですから、会社をクビになったからと言って、けっして諦めないで下さい。人によっては大きなチャンスになるのです。

私が米国で顧問をしていた大手化粧品会社メアリー・ケイの創業者、故メアリー・ケイ・アッシュ氏も、ピンチをチャンスに変えた人でした。貧乏だった彼女は給料のいい化粧品会社に勤めようとして面接を受けたのですが、向いていないということで、入社を断わられてしまいました。それで、まわりの人の反対を押し切って、「今に見てなさい！」との反骨精神で、自ら化粧品会社を立ち上げ、短期間で業界トップクラスにしたのです。

起業するのにはとても勇気がいります。私も、大学を出て10年後、即ち32歳で起業することを決めて準備はしていたものの、いざその歳になったら、「失敗したらどうしよう……」と怖くてなかなか起業に踏み切れませんでした。悩んだ結果、尊敬するアメリカ人上司に相談したのです。そうしたら、驚くべき言葉が返ってきました。

「今、君に会社を辞められたら私をはじめ会社としてはとても困る。しかし、君は32歳で起業すると決めて準備してきたのだから、友人としては応援するよ」

「実を言うと、失敗したことを考えたら怖くてなかなか起業に踏み切れません……」

「それでは、私が背中を押してあげよう！　君をクビにする！　その代わり、君を今の倍の報酬で顧問に迎え入れる。だから、独立しなさい」と。

私は涙が止まりませんでした。

人間として欠点がない人は、起業には向いていない。

10

GOLDEN RULE

会社を辞めたくなったら起業しよう

情報通信機器販売のフォーバル（ジャスダック上場）を率いる大久保秀夫社長は、ご自身が勤めていた会社が社員を大切にしないことに憤りを感じ、社員を大切にする会社を作ろうと起業されたそうです。

サラリーマンのなかには、自分の会社や上司を頻繁に非難したり中傷する社員がいます。私に言わせると、そんなに会社がイヤなら、大久保社長のように辞めて堂々と自分が納得できる会社を創ればいいのです。

起業してみて、初めて理想とする会社作りの難しさがわかりますから（実際には、会社のグチを言うタイプの人のほとんどは、実は自分には弱く、起業する勇気もありません）。

会社を辞めたくなる主な理由には、(1)会社に対して不満ができる、(2)会社で自分のことが評価されていないと感じる、(3)会社で自分の居場所がなくなる、などが挙げられます。

私は、いかなる理由であろうとも会社を辞めたくなったら起業すべきだと思っています。人間として大きく成長できるからです。勤めているのと、自分で苦労してゼロから起業するのとでは、大きな違いがあります。

私も32歳の時に周囲の大反対を押し切って、勇気を出して起業してよかったと思っています。勤務先の大手国際会計・経営コンサルティング会社ではある程度出世しており、残ったところで、それ以上のポストは望めませんでした。

何よりも**起業してみて、自らの弱さが身に染みてわかりました。そして、勤めていた時とは比べものにならないくらい、人から学ぶようになりました**。

私は最近、数々のベンチャー企業を大企業へと育て上げたベテランの経営コンサルタントである飛岡健氏（現代人間科学研究所長）と、「運を呼び込む経営研究会」（招運経営の会）を始めました。起業家がどうしたら運を呼び込み成功できるかがテーマです。

飛岡氏はその会で、以前顧問をされていたサンリオの辻信太郎社長の経営哲学をよく紹介されます。飛岡氏によれば、辻社長は、「会社は何もしなければ潰れる」との大変な危機感を持って経営に当たっているそうです。

会社のグチを垂れ流すサラリーマンに、そうした危機感はあるのでしょうか。

勤務先を批判するくらいなら、自分で理想の会社を創ってしまおう。

まずは、「自分棚卸」による自己否定から

起業で失敗する理由で多いのは、自分の力を過信することです。

会社勤めをしていて、どんどん成果を出した場合、できない同僚と組んでやるよりは、自分一人でやったほうが効率もいいし、さらに成果も出るような気になります。

私もそうでした。10万人以上のプロフェッショナル・スタッフ（公認会計士・税理士・弁護士・コンサルタントなど）がいる大手国際会計・経営コンサルティング会社に勤めていた頃、会社のためにどんどん仕事をとってきました。

最も大事な評価基準「顧客獲得数」で、当時の私はダントツでした。私は一人でも仕事ができ、自分には営業力があると勘違いしました。そこから悲劇が始まりました。

「これだけ成果を出したのだから、独立してもなんとかなるだろう」

と思い起業しました。最初は、独立したことを通知すれば顧客候補から連絡が入り、仕事がもらえるものと高をくくって、営業をまったくしませんでした。

ところが、連絡はあっても仕事はまったくもらえませんでした。それであわてて真剣に営業を始めたのですが、相変わらずダメでした。それまでの営業実績は信用ある大手一流企業の看板があったからこそで、私のことも信用し、顧客になってくれていたのです。

私の場合、起業する前に、やるべきことを怠っていたのです。それは、「自分棚卸《たなおろし》」です。それも、シビアな自己チェックです。

「自分棚卸」では、自分の得意なことや苦手なことを徹底的にチェックします。苦手なことを発見することは簡単です。嫌いだったり、頑張っても成果が出ないことですから、すぐわかります。

問題は、私のケースのように、本人は得意と思っていても、実際に違う環境や条件で、最初から最後まで一人で行う場合、得意ではなくなってしまうことです。**強みだと確信していたことが実は強みでもなんでもない**のです。

「自分棚卸」で大事なことは、自己否定をすることです。得意と思っていることでも疑ってみることです。厳しい環境下で行う場合、全然得意でないことは往々にしてあるからです。

起業したら、自分にとっての本当の武器がわかる。

12 GOLDEN RULE

起業したくなったら起業しよう

「起業するのに絶妙なタイミングってあるのでしょうか？」

国際ベンチャーコンサルタントという仕事柄、よく聞かれる質問です。

私は自らの日米での起業経験、また何百という起業家への創業支援の経験上、起業において絶妙なタイミングなどない、と思っています。

デル・コンピュータ創業者のマイケル・デル会長やマイクロソフト創業者であるビル・ゲイツ会長に同じ質問をしても、「起業したくなった時が、最適な起業タイミングだ」と言われます。そして、その言葉には説得力があります。

なぜなら、彼らは起業したいと思った時、それぞれテキサス大学やハーバード大学という有名大学の学生だったわけで、その学位を捨ててまで起業したのです。人によっては、「せっかくいい大学に入ったのだから、卒業するまで待てばいいのに……」ということを言います。

しかし、**起業に学位などいりません**。実を言うと、卒業する前に起業するということは、大変なプレッシャーにもなります。「大学の卒業証書を捨てて起業したので、もう失敗はできない！」と。

二人の場合は、それがいい方向に作用したのかも知れません。

たった一度の人生です。後悔だけはしたくないものです。ですから、起業したくなったら、あまり考え過ぎずに素直に起業すればいいのです。

起業したい時が、一番情熱を持っているし、起業できたことでの幸せ感は最高です。とてつもない充実感と征服感が得られます。もちろん、不安感もありますが、それがまた、起業を続けていくうえでの原動力や自らへの牽制にもなります。

私も高校時代に、大学出て10年後、つまり32歳で起業すると決め、無事米国で起業できました。どうしても、そのタイミングで起業したかったのです。

起業する直前にさまざまな人生・ビジネス上の先輩に相談しました。ことごとく大反対されました。理由は簡単です。「絶対に成功しないことがわかっているから」と。

もちろん、起業において成功することは大事です。しかし、「失敗も成功のもと」なのです。とくに自分が納得したタイミングで起業して失敗した場合は、納得して次の前向きなステップに素直に進めるものなのです。

退路を絶つことで、起業成功の可能性がグッと高まる。

信頼する人から反対されてからが勝負

起業する時、ほとんどの人は迷います。とくに長年サラリーマンをしていた場合、当たり前と思ってきた定収入を失うことへの恐怖感は大変なものです。

収入面での不安もさることながら、事務所を借り、社員を雇うことによる、毎月の支出面でのプレッシャーはもっと大きいものです。収入がなくて泣いても叫んでも、そうした経費は毎月自動的に払わなければなりません。

悩んで起業することを相談した場合、ほとんどの人に反対されるでしょう。なかでもこたえるのは、自分が心から信頼し、いつもアドバイスを受けてきた人からも反対されることです。

起業する場合、誰に何と言われようと、「何くそ！　絶対に成功させて見返してやるぞ！」と、かえって反骨精神がわき、頑張れるバネになることも多いものです。しかし、信頼してきた人から反対された場合、心が揺らぎます。

実は、起業家としての戦いはそこから始まるのです。

あまり知られていませんが、世界的な企業を創り上げた起業家たちは、彼らが起業する際、信頼する人に相談し猛反対されてきたのです。

例を挙げれば、国内では、「経営の神様」と言われた松下電器産業創業者・故松下幸之助氏、ソニー創業者・故盛田昭夫氏、本田技研創業者・故本田宗一郎氏、海外では、英国有数の起業家であるヴァージン・グループ会長リチャード・ブランソン、マイクロソフト創業者のビル・ゲイツ会長、アップル・コンピュータ創業者であるスティーブ・ジョブズCEO、デル・コンピュータ創業者のマイケル・デル会長等々。

たとえ信頼できる人であっても、最後の決断はあなたがしなければなりません。彼らが、そのビジネスについてあなたほどに理解している訳ではありませんし、アドバイスしたことに責任をとってくれる訳でもありません。

相談した時は理解してもらえなくとも、あなたが一生懸命やって成果が出始めたら、きっと、彼らはあなたを見直すことでしょう。

信頼する人からの反対は家族の反対同様、あなたの意志の強さを試していると受け止めましょう。それで引き返すくらいなら、最初から起業には縁はありません。

起業とは、孤独との戦いであることを知ろう。

起業するのに理由は必要ない

起業するには、人それぞれさまざまな理由があります。

米国にいた時、これから起業する人に「なぜ起業するのか」についてアンケートをとったところ、次のような理由が挙げられていました。「金儲けがしたいから」「名誉がほしいため」「自由がほしいから」「起業することが好きだから」「社長になりたいから」「人の下で働きたくないから」「自分を試したいから」「世の中で影響力を持ちたいから」「寄付して名前を残したいから」「人のためになることをしたいから」「創造的な仕事をしたいから」等々。

起業において頑張れるのであれば、私はどんな理由でもいいと思います。それがどんなに自己中心的なものでも、です。

しかし、面白いもので、真剣に社長業をまっとうしようとすればするほど、その理由が、当初利己的であった場合でも、だんだんと利他的になっていくのです。

なぜなら、そうでないと、本当に社員、取引先、顧客、株主はついて来ないですし、会社は伸びないからです。成功し社会のために貢献している起業家は口を揃えて言います。

起業して迷ったら、原点に戻ればいい。

「起業するのに最初は理屈や大義名分などいらない！　そんなものは儲かるようになってから後からついて来る。必要なのは情熱ややる気だ！」

どんな理由であれ、起業する前に、「何のために起業するのか」を明確にした人は強いです。起業し始めたら迷うことが常ですが、迷ったら、その原点に戻ればいいのです。原点に戻って自分にとっての起業の意義を再確認できれば、一時期行き詰ったとしても、また新たにエネルギーを得て頑張れるものです。

人間はシンプルなもので、やることに対してしっかりした意義を見出せれば迷うことなく全力投球ができるのです。私が国際ベンチャーコンサルタントとして独立した理由は、自分が起業家に対してどれだけできるかの限界を知りたかったのと、起業家の応援を生涯したかったからです。

要は、自身の夢や目標もさることながら、人間何かに賭けられるのは、好きだからです。かつて、私の顧問先だった世界最大級のシステム会社ＥＤＳを創業したロス・ペロー氏に何のためにＩＢＭを辞めて起業したのか聞きました。彼は一言、こう答えてくれました。

「ただやりたかっただけです」

15

GOLDEN RULE

最後は理屈ではなく、やりたいことをやる

すでに紹介しましたが、起業の成功率を高めるため、事前に100件以上のビジネスのネタを考えることをお薦めします。

それを実行すれば、あなたのビジネスセンスや能力が測れます。多くのネタを出せるということは、あなたがビジネスの世界そのもの、またその業界の裏表を熟知している証拠です。最初のビジネスがうまくいく、いかないにかかわらず、将来伸びる可能性大です。

通常、起業した場合、最初のビジネスは失敗します。ですので、次のビジネスモデルや技術が出てこなければ会社は潰れます。逆に言うと、起業において一つのビジネスモデルや技術にこだわり過ぎると、それが市場で受け入れてもらえない時、すべてが終わってしまうのです。

もともと、起業とは成功率が低いものです。大きな失敗を避けるため、次のビジネスモデルや技術はたとえ完成していなくても準備しておくことが、生き延びるための得策となります。

起業ネタを選ぶ最終段階では、理屈ではなく、やりたいことを選んだほうが、成功率は高まります。理由は簡単です。「好きこそ物の上手なれ」で、好きであれば四六時中考え、どんどん工夫し

てビジネスを進化させられるからです。

そもそも与えられた仕事をやるのがイヤで、サラリーマンを辞め起業する人がほとんどですから、起業してまで好きでないビジネスを選んでも、成功するわけがありません。

将来性がありそうでも、自分の好きでないビジネスをネタに起業してはいけません。気乗りしないでそのビジネスを始めたら、間違いなく失敗します。全力を傾けられず、しかも注意が細部にまで行き届かないので、問題点ばかりが出てくるうえ、それらを解決する興味やエネルギーすらわかないからです。

やりたいことであれば、どんどん工夫します。好きことを起業ネタに選べば、いくら時間を使っても疲れませんし、限りなく努力できます。

私も1992年に米国で起業してから、14年の歳月はあっと言う間に過ぎました。国際ベンチャーコンサルタントという仕事が好きで、天職だと思っていますから、死ぬまで努力し続けていることでしょう。

オマケの黄金ルール

好きなことで起業して、どんどん工夫・進化していこう。

最初の起業に期限（最長3年）をつけよう

「ネイト！　起業したけど、なかなかうまくいかないんだ。手伝ってくれないか？」

友人の起業家、ジム・パワーを訪問した際、いきなり頼まれました。ちなみに、「ネイト」と言うのは、米国テキサス大学経営大学院（ビジネススクール）博士課程在学時代、指導教授であったデール・オスボーン博士が名付けた私のニックネームです。

当時、オスボーン教授と「起業がなかなか軌道に乗らない時、何年やったら諦めるべきか？」というテーマの論文を共同で書いていました。

そのネタやデータ探しのため、私は友人たちが経営するベンチャー企業に毎日のように訪問していました。その研究を通じて得た結論は次の通りです。

「起業して3年経っても業績、とくに売上等で成果が出ない場合、その事業はやめるか、抜本的な変更をすべきである」

なぜなら、3000社近くのベンチャー企業を調査した結果、バイオなど長期研究が必要な特殊な事業を除き、3年経って軌道に乗らなかった事業は、それ以降どんなに期間を費やしても結果的には成功していないことがわかったからです。ですので、起業後、そのまま続けるかどうかの判断に要する期間は、最長でも3年で十分なのです。

話を最初に戻します。私に支援を求めてきた友人起業家、ティムに聞きました。

「起業して何年たった？　今までの売上高は？」

「5年。売上高はまだ29万ドル（約3000万円）程度だよ。なかなか売れなくてね……」

「え！　起業して5年なのに売上がそれだけ？　じゃあ今までに使った資金は？」

「全部で約500万ドル（約5億円）。年間100万ドル（約1億円）近くかかるんだ」

「ジム！　悪いこと言わないけど、もうその事業はやめたほうがいいよ！　金食い虫なだけで、まずうまくいかないから。それより、短期で売上が見込める事業に変更しよう！」

これはよくあるケースです。自分のビジネスモデルや技術にほれ込み、いつか花咲くことを夢見てダラダラ続けてしまった典型例と言えるでしょう。

起業する際には、3年たっても成果が出なければ、事業の抜本的な変更や違う事業を行う「けじめの心」を持ちましょう！

オマケの黄金ルール

成果の出ないビジネスモデルや技術には、さっさと見切りをつけよう。

どんなに踏まれてもやり続ける

私が尊敬する世界的なリーダーは言いました。

「人生で成功する秘訣はただ一つ。成功するまでやり通すことです」

同じようなことを私は講演で話します。

「起業で成功する秘訣は、何度倒産し、挫折しようと、命がある限り、成功するまで挑戦し続けることです」

拙著『あたりまえだけどなかなかできない仕事のルール』（明日香出版社刊）でもアメリカ人リーダー2人の人生を通して、このことを訴えました。

その1人であるエイブラハム・リンカーンは23歳で初めて地方議員選挙に出馬し落選。以後7回以上もさまざまな選挙で落選しました。しかし、大統領になる夢を捨てず、挑戦し続け実現させました。

もう1人のカーネル・サンダースも何度も事業に失敗。それでも諦めず、苦節40年の65歳でフライド・チキン屋さんを始め、世界初のフランチャイズ・ビジネスかつ世界最大級のファースト・フード・レストラン「ケンタッキー・フライド・チキン」を創ったのです。

起業においてもまったく同じです。凡人でも諦めず挑戦し続ければ、必ず成功できるのです。リンカーンやサンダースはけっして運がよくて成功したのではありません。凡人であることを自覚し、簡単には成功できないことを覚悟しました。

凡人だから全人生を賭けて挑戦し、人より努力し続けたのです。

私は凡人以下で、勉強、とくに国語と英語は中学・高校生時代まったくできませんでした。そもそも文系のセンスがないのでしょう。しかし、高校三年生の時、政治学が苦手だったJ・F・ケネディが大統領になった話を聞いて一念発起しました。私も成功するまでやり続けようと。

とくに英語が大の苦手だったことから、英語を駆使した国際ベンチャーコンサルタントを目指すことにしました。それで、米国経営大学院（ビジネススクール）修士・博士課程で学び、10年の勤務後、独立することを決心したのです。

周りの人に相談したら、私には無理だから諦めるよう全員に言われました。でも諦めずやり通したら実現し、今があるのです。

オマケの黄金ルール

諦めなければ、起業は必ず成功する。

独立する前に「売り先」を決めておこう

私は新卒で入社する前から、コンサルティング会社で10年修業し、そこで独立に必要な経験・知識・人脈を得て起業することを決めていました。

ただ、経験や知識は仕事を通じて自然に得られますが、人脈は、自分から積極的に行動しないとできないと先輩から聞いていました。そこで、目の前の業務をこなしながら将来起業したときに役に立ちそうな人、とくに顧客候補とはできるだけ会いまくりました。

入社から人に会いまくってきたこともあり、独立するまでの10年間でかなり幅広い人脈ができました。お会いした人の名刺を入れた名刺入れは、段ボール箱にして10個は優に超えていたと思います。

そのなかで、とくに親交が深まった起業家が100人近くできました。おかげさまで、独立して仕事がなかなか決まらず苦戦していた時、その方々に相談したところ、無条件で顧問契約を結んでくれたり、顧客を紹介してくれました。本当にありがたかったです。

その時、人脈がどんなに大切か思い知らされました。

もし、サラリーマン・コンサルタント時代に、その方々と信頼関係を構築していなければ、独立は頓挫し、途中で諦めなければならなかったことでしょう。いくら素晴らしい商品・技術・システム・サービスが提供できても、買ってもらえなければ、事業として成り立ちません。

私がいたコンサルティング会社には、独立予備軍がたくさんいました。みな、理屈ではそのことを理解していたのですが、いざ実践となると、忙しくてなかなか人脈作りのために時間が使えなかったようです。

実際のところ、私と同じ時期に独立した同僚が4人いましたが、みな起業に役立つ人脈作りをしてこなかったために、起業後1年間ほとんど収入を得られず、途中で挫折し、サラリーマンに戻ってしまいました。

起業した時、ビジネスモデル、市場性、技術等は大事ですが、**理屈抜きで一番大切なことは、一気に売れるかどうかです**。起業が成功するかどうかは、その一点にかかっているといっても過言ではありません。

そのためには、営業に役立つ人脈作りが欠かせないのです。

起業に役立つ人脈作りが、成功率を大きく高める。

第2章

自分の会社を創り上げるための黄金ルール

怖いから、不安だからこそ会社を創ろう

「起業するのにベストなタイミングって、いつですか？」

先日、将来起業したいという学生さんから聞かれました。私は経験上、起業においてベストなタイミングなんてないと結論づけています。

過去のケースから、起業するタイミングとして考えられるのは、以下の通りです。

(1)会社をクビになった時、(2)会社を辞めたくなった時、(3)起業したくなった時、(4)起業する準備が整った時、(5)就職先が見つからない時

この問題に結論はありません。もし、起業にベストなタイミングがあるとしたら、現実的には起業する「勇気」がもてた時と言えます。

タイミングのことは考えずに、まず「勇気」を出してどんどん起業にチャレンジするべきだと思います。失敗したら、またやり直すか、再就職すればいいではないですか！

ソフトバンクグループの孫正義氏、ＨＩＳの澤田秀雄氏、パソナの南部靖之氏、ワタミの渡邉美樹氏など、学生からいきなり起業したか、ほとんどサラリーマンの経験なしに、20代前半で独立し

成功者した代表格です。

今でこそ大起業家として堂々とされていますが、彼らの発言を聞くと、起業時はみな、相当な恐怖心や不安感を抱いた経験をしています。

起業が成功するか否かの第一関門は、成功する保証もないのに、起業するだけの「勇気」が持てるかどうかです。私も起業した当時、不安で不安で仕方がありませんでした。

毎月きちんきちんと入ってきていた給料が急になくなり、自分で営業をしなければ収入がない一方、お金は容赦なくどんどん出ていくのです。これは独立した人だけにしかわからない恐怖体験です。起業家は誰もが通り抜けなければならない試練でもあります。

しかし、勇気を出して起業し、お金をできるだけ使わないで全力で営業すれば、意外に成果はでます。「俺は営業能力ないから……」とか悲観している暇があったら、ガンガン営業して下さい。時間はかかっても、動けばちょっとしたきっかけで成果は出ます。

あれこれ考えずに、勇気を出して営業に動いて動きまくることです。

動いて動いて動き回れば、成果はついてくる。

最初のビジネスモデルや戦略はどんどん変えていく

起業当初に定めたビジネスモデルとその戦略には、事業を進めていくうちに必ず矛盾点や問題点が生じます。仮説に基づいて立てた理論中心のビジネスモデルや戦略でしょうから、実践する段階で違ってくるのは当然と言えば当然です。

一言で言うと「予想と現実」との違いです。こうした場合は、随時計画や戦略、さらには戦術を変更する必要があります。ビジネスモデルや戦略のみならず、事業ドメイン（領域）ですら変えなければならないケースは、起業において本当によくあることです。

わかりやすい実例として、知人で米国の有力ベンチャー・キャピタリストであるベン・ローゼン氏がかかわったコンパック・コンピュータのケースを紹介します。

コンパック・コンピュータの創業者たちは、当初ＩＢＭと大型コンピュータの製造・販売で競争する事業計画を考えていました。そのビジネスモデルをベースに出資してもらうため、ローゼン氏に相談しました。

しかしながら、ローゼン氏は大型コンピュータ製造・販売のビジネスモデルでは、膨大な資金がない限り、IBMには勝てないと結論付けました。そして、当時まだニッチ市場であったパソコン（PC）市場にコンパックの創業者たちの目を向けさせ、ビジネスモデルをPCの製造・販売に変えるよう、提案しました。

技術者として高度な大型コンピュータを造りたかった創業者たちは、当然不服でした。しかし、ローゼン氏の資金と経営手腕がどうしても必要だったため、その提案を呑みました。

それを受けてローゼン氏も出資。その後、その戦略が功を奏して、コンパック・コンピュータは、PCの製造・販売事業で大成功し、短期間で世界ナンバーワンになったのです。

このように、長年かかわってきた特定の技術やビジネスモデルに固執する起業家は、意外に多いものです。それらが、現実に差別化されて強みのあるものであればいいのですが、通常は、思い入れが強すぎて事業としてなかなか成果が出ません。実際には事業として成功する水準にはなく、大した技術でもビジネスモデルでもないことが多いのです。

起業で成功するためには、**実際やってみて評価し、ダメな時はどんどん変えていく「勇断力」が必要です。**

技術やビジネスモデルの評価は客観的に。

起業家自身に魅力があれば資金面はどうにでもなる

「起業したいのですが、資金がないので始められません」

「私は技術者なので、起業しようとしても必要な資金を集められません」

よく聞く言葉です。私は最初に勤務した世界最大級の国際会計・経営コンサルティング会社時代から今日に至るまで、起業家支援を日・米・アジアで20年以上やってきました。その間、資金調達のお手伝いも相当な件数をこなしてきました。

おそらく、大型案件を含めれば、資金調達支援合計額は１２００億円を優に超えているでしょう。米国で半導体関連事業を始める起業家のために、一度に６００億円以上の資金集めのお手伝いもしたことがあります。

こうした経験をもとに言うと、起業するのに資金はまったく問題にはなりません。

仮に、あなたが起業するとなれば、少なくとも20年以上生きてきて、学生やサラリーマンなどを経験して、さまざまな人々とかかわりあってきたわけです。あなたに人間としての魅力があれば、必ず資金援助者は現れます。

私も米国で独立する際、まったく資金がありませんでした。でも、勤務先に独立の気持ちを伝えたところ、辞めた後、引き続き顧問になることを条件に、起業に必要な資金を全額出してくれました。そのうえ、起業後2年間、高級ビルの事務所と秘書を無料で貸してくれました。その支援金額を合計すると、おそらく1億円を超えると思います。

後に聞いたのですが、当時の勤務先の上司は、私の将来性を評価したのではないそうです。在職中一生懸命働いたことに対する感謝とともに、私の起業への熱意を知り、「退職金以外でも、できる範囲で支援してあげよう」と決めてくれたとのことです。

もし、**資金援助者が現れなければ、その人に起業家としての魅力がないということです。**資金援助者が出てくるまで待っていられない、ということでしたら、身を粉にして働けばいいのです。たとえば、ワタミの渡邉美樹社長は20代前半で起業を目指し、必要な資金の調達計画を立て、佐川急便で過酷な配達業務をしてまでも、お金を貯めた、という逸話をもっています。

そもそも最初に資金を集められなくて、どうして起業後、永遠と続く資金ニーズに対応できるのでしょうか。最初の資金集めのほうが、起業後よりも楽なのですから。

創業資金の調達は、起業家としての最初のテストだ。

22
GOLDEN RULE

まず会社を創って自分を追い込もう

起業するのに、行動することなくず～っと考え込む人がいます。そもそもビジネスはやってみないとわからない世界です。独立を決めたら、あれこれ考え込まず、最小限でいいので、まず会社を創ることです。

大事なことは、できるだけお金をかけず設立・運営することです。

会社を創るのとそうでないのとは、頑張らなければならないプレッシャーの度合や真剣味が違ってきます。一度創業したら、それまでの夢や理想のような曖昧なことはさて置き、稼ぐため具体的にどんどん決めて進めなければなりません。

株主、取締役、代表取締役（社長）、顧問、相談役、税理士、所在地（登記場所）、形態（株式会社にするかどうか等）、事務所、取引銀行、従業員などさまざまなことを短期間で決めます。

そのプロセスのなかで、事業に対し真剣になり、具体的に行動し始めます。出費もどんどんかさむことから、1日も早く1円でも多く稼がなければならないように追い込まれます。

私は20年近く米国にいた際、最初の10年間は国際会計・経営コンサルティング会社に勤務し、後半は独立して、国際経営・起業コンサルティング業を行っていました。その後、突然父が脳梗塞で倒れたため帰国したのですが、日本で何をすべきか、最初はまったくわかりませんでした。

何も決まらないまま時間ばかりたっていったので、とりあえず会社だけ創りました。売上の目処は立っていませんでしたので、事務所も敷金・礼金がほとんどない、実家近くの小さな安い住居用マンションを借り、毎日何をするか考えました。

その間、1000以上の事業案を考え、結局、米国でもやっていた好きな仕事である起業家へのコンサルティング、つまり「起業コンサルティング業」をやることにしました。

ただし、米国で実績があっても、日本でうまくいく保証はまったくありません。現に、私の後から参入してきた異業種系大手は、大赤字を出し次々と撤退していきました。

私はというと、好きな仕事なので寝食忘れていろいろ工夫・努力した結果か、創業以来毎年増収で黒字を続けています。

あまり考えずに会社を創りましたが、好きな事業が続けられることに感謝する毎日です。

オマケの黄金ルール

好きなことであれば寝食忘れて工夫するので、成功率は高くなる。

23
GOLDEN RULE

短期のリターンだけを望む人は株主にするべからず

会社を設立する際、悩むことの一つに「株主を誰にするのか」という問題があります。

創業時は、しばらく様子を見る意味でも、資本金の全額を自分で出せれば理想です。しかし、最初から必要な資金を全額調達できる起業家はあまりいないでしょう。となると、出資者を募らなければなりません。

その場合、出資者つまり株主にすべきでない人がいます。一攫千金を狙う、儲けることだけを目的に出資する人たちです。なぜ、彼らを株主にしてはいけないかというと、事業は予定通りいかないケースがほとんどだからです。

出資時から時間が経過すれば、事業や事業計画は多かれ少なかれ変わっていきます。いい方向に変わっていけばいいのですが、十中八九予想や計画を大きく下回り、下方修正せざるを得なくなります。

すると、短期のリターンだけを望む投資家は、起業家にプレッシャーをかけてきます。すぐに儲からないとわかると、最終的には「金返せ！」と迫ってきます。

一方で、ぜひとも株主にすべき人がいます。**人間としてのあなたを評価し、事業ではなく、あなた自身の将来に賭けて出資してくれる人たちです。**

彼らは、資金だけでなく全面的に応援し、万が一あなたが会社を潰すことがあっても、金儲け目的の出資者が使う常套句「嘘つき！　金返せ！」と言ったり、「騙された！　許せない！」などという被害者意識は絶対に持ちません。

私も米国で個人として数々の出資をしてきました。出資した理由は儲けるためではなく、その起業家を応援したかっただけです。ですので、出資した会社がいくつか倒産しましたが、「頑張ったのに残念だったね！　再度起業に挑戦し、今度は成功させてね！」と起業家を激励してきました。

格好をつけていると思われるかも知れませんが、本当に起業家を支援するエンジェルの間では、これがあたりまえの発想なのです。どんなに優秀な起業家でも、ビジネスには運がつきものですから、成功するかどうかはやってみないとわからないのです。

起業時に出資者を募る場合、短期のリターンだけが目的の人たちは、絶対に株主にしてはいけません。彼らは時間の問題で、トラブルメーカーに変身することでしょう。

出資してもらうなら、器が大きい本物のエンジェルを探そう。

24

取締役にはあなたに盾突く人をあえて選ぼう

会社設立において、株主が決まった後、株主総会で取締役を選任しなければなりません。通常は数人を選び、そのなかから経営上の最高責任者である代表取締役を選びます。

ここで、会社の成長の観点から取締役にすべき人、すべきでない人がいます。

まず、取締役にすべき人は、その人が取締役になったら、会社の評価が上がる人です。たとえば、実質的に会社の経営力や信用力に貢献する人などは適任でしょう。あなたが代表取締役になるのであれば、取締役にすべきは、あなたのことをよく理解し、やることに賛同・応援してくれる人です。初めての起業であれば、会社の将来もわかりませんから、とりあえずは家族や親戚、友人から取締役を選ぶべきです。

ポイントは、代表であるあなたにとって、また会社にとって、その人が取締役であることで、会社の経営上助かる人です。

私の場合、過去にいくつかの会社を経営してきましたが、取締役として人を選ぶ基準は、「会社が潰れて迷惑をかけてもいいかどうか」あるいは、「会社に最も貢献してくれるかどうか」でした。

ですから、最初はやはり家族や親しい友人になります。

経営が安定してくれれば、それなりの有力者、実力者、即戦力になる人に取締役をお願いしたこともありました。しかし、基本的には、代表としてのあなたと会社への貢献度を最も重視すべきでしょう。

逆に取締役にすべきでない人は、あなたの経営の邪魔をする存在になり得る人です。ここで誤解してほしくないのは、あなたがやろうとすることに反対する人ではなく、本当にあなたや会社のことを思って行動しているのではない人は選ぶな、ということです。

時にはあなたや会社を守ろうとして、代表であるあなたに真っ向から反対する人は、あなたや会社にとって本当に必要な人で、取締役にすべき人でもあります。

できれば、取締役はお飾りになるような人ではなく、**実際にあなたに提言をし、あなたと会社のために、体を張って貢献し守ってくれる人を選ぶべきです。**

もちろん、一番わかりやすく言えば、会社のために稼いでくれる人は人間的に問題ない限り、取締役にするべきでしょう。

オマケの黄金ルール

新会社法が施行予定の2006年5月からは、取締役は1人でOK。

最初に起業する場所はどこでもいい

初めて起業する人から、会社の場所（事務所）をどこにすべきか、という相談をよく受けます。

結論から言えば、場所はあまり問題ではありません。ちなみに、私が最初に起業した時は、交渉の結果、2年間無料で事務所を借りることができました。

信用や見栄を気にし、いきなり都心の一等地にある一流ビルに無理して事務所を構える起業家がいますが、資金的に余裕があっても、まだ儲かっていないうちから、そんなお金を使うべきではありません。

もう、一昔前のバブル経済成長期ではありません。今は大儲けしている一流企業ですら、直接売上につながる、もしくは顧客満足度を高めること以外には資金を使いません。

先日も、業績絶好調のトヨタ自動車が役員や管理職の経費削減をさらに進めている、という新聞記事を目にしました。もはや形式や体裁ではなく、激化する国際競争の中で将来生き残るために、徹底した費用対効果で判断する時代に入ったことを実感しました。

見栄や体裁のためにお金を使うことは、ベンチャー企業にとってかえって「危ない会社」としてマイナスのイメージとなります。

起業したての頃は、通常、経費をカバーするだけの売上はありません。であるなら、企業経営の基本として、**会社を維持するために最低限必要な経費以外は一切使うべきではありません。**

私もそうでしたが、まず自宅からスタートさせるか、不都合であれば、近くの安い住居用マンションを借りればいいのです。イメージや信用の観点からもまったく問題ありません。

まだ収益もないのに無理して立派なところを借りても、中身なしで格好だけつけていることがすぐにバレます。将来儲かってからいいところに移ればいいのです。

米国時代の私の顧問先に、世界最大級の情報システム・サービス会社であるＥＤＳがありました。同社の創業者で大富豪として大統領候補にもなったロス・ペロー氏は、ＩＢＭを辞めて起業する際、奥さんを取締役に据え、テキサス州ダラス市郊外にある自宅のリビングルームを事務所にして事業を展開したそうです。

当時、自宅を拠点としたＥＤＳが、短期間で世界最大級のサービス会社になるとは誰も予想しなかったことでしょう。

オマケの黄金ルール

もちろん、小売や飲食などの集客産業では立地を重視すべきである。

26
GOLDEN RULE

パートナーには積極性と責任感さえあればいい

いよいよ起業する時、いいパートナーを見つけて組むと、事業のスピードが速まり成功確率もグッと高まります。

米国では、パートナーを3、4人揃えて会社を立ち上げるケースが多いようです。もし、あなたが代表取締役社長になるのであれば、米国で言うところの最高経営責任者（Chief Executive Officer: CEO）になります。文字通り経営の最終責任を負う代表です。

そして、技術のプロとなる最高技術責任者（Chief Technology Officer: CTO）と、会計や財務、即ちお金に関する分野でのトップとなる最高財務責任者（Chief Financial Officer: CFO）を入れ、3人で経営チームを作ります。

さらに、もう1人、CEOが掲げた方針や目標を現場で実行に移し管理する参謀役（または番頭）たる人が最高執行責任者（Chief Operating Officer: COO）を加えると、会社は円滑に運営できます。COOを入れれば、経営チームは4人になります。

20年近く米国流の効率的な起業術を体感してきた私から見ると、日本では、社長が1人でなんでもかんでもやりすぎると思います。

米国では「餅は餅屋」という発想です。**経営や事業において専門的なことがらが多々あるゆえ、できるだけ専門家や経験者に任せたほうが時間・費用の両面から得策である**という考え方が常識になっています。素人が無理してやっても、かえって大やけどするケースが往々にしてあるからです。

ですから、CEOは、自分で全部やらずに、お金のことはCFOに、技術のことはCTOに、総務・管理的なことはCOOに任せるのです。

しかし、こうした役割分担以前に、パートナーを選ぶ際に最も気をつけなければならないことがあります。

ベンチャー企業の立ち上げですので、専門能力以上に、積極性や責任感を重視すべきなのです。

起業当初にありがちな、生きるか死ぬかという場面では、CEOとパートナーとの間にスピードや責任感の部分で温度差があれば、会社はいずれ崩壊します。

専門能力だけで意欲の薄いパートナーでは、残念ながらCEOについていけなくなるのです。

経営経験がない起業家は、ぜひこの点を肝に銘じてください。

何でもかんでも1人でやらず、パートナーに任せることも考えよう。

27

GOLDEN RULE

会社設立の形態や決算期などにこだわりは不要

起業する際に、会社設立の形態や決算期などに意外とこだわる人が多いのに驚きます。

日・米・アジアで多くの会社設立を支援してきた私からすれば、

「そんな小さなことにこだわらず、さっさと会社を設立しましょう。そして、事業面での成果、とくに売上や利益を出すことに集中して下さい！」

と声を大にして言いたいと思います。

私の20年以上の経験則で言うと、起業において形やプロセスにこだわり過ぎる人に限って、実際の事業では成功できないケースが圧倒的に多いのです。

ビジネスは、「まず売上、つまり儲けありき」です。売上や儲けもないのに、会社を創るプロセスや形態を気にして、時間やお金をかけていては本末転倒です。

もちろん、税理士、会計士、行政書士、中小企業診断士、経営コンサルタントなどの専門家のアドバイスを受けたほうがいいのですが、最後は「えい、やっ！」でもって、どんどん起業手続きを進め、本業に力を入れていきましょう。

株式会社でも、あるいは他の形態でもいいのです。もし、あなたの事情を理解した専門家が提案するなら、海外に会社を創り、その子会社や支店として活動してもいいのです。税務対策上、こうしたほうが有利になるケースもあります。

ポイントは、売上が出て儲かってくれば、後からいくらでも変更・修正は可能だということです。会社の形態で迷ったら、最低資本金で株式会社をつくっておけば無難でしょう。

決算日だっていつでもいいのです。たとえば、日本では、ほとんどの会社の決算日が3月末になっていますので、それに合わせてもいいと思います。もし初年度から黒字にしたければ、設立月の月末から11か月後を決算日にすればいいのです。期間が一番長くなり、一日でも多くの売上高を初年度に入れられるからです。

起業で失敗する最大の理由の一つは、創業時に無駄なことに時間とお金を使うことです。私が起業支援をする場合には、株主も取締役も決算関係の取り決めも、すべて簡単にしてもらっています。最初からテクニックを使って複雑にする理由はまったくありません。

とにかく、まず「いかにお金をかけずに儲けるか」にすべての知恵・労力・時間を費やして下さい。

オマケの黄金ルール

会社形態などいくらでも変更できる。まず儲けることに集中しよう。

社長の自信過剰は裏目に出やすいので要注意

「社長！　毎月の売上結果や営業マンからのフィードバックから、もうご理解いただいていると思いますが、このままではどんなに頑張っても大して売れません。そもそも今のビジネスモデルでは儲からないでしょう！」

「ちょっと待って下さいよ、コンサルタントさん！　我々のシステムは最新で業界一のはずです。(理論的な)シミュレーションでは、2兆円ある市場でかなり売れ、利益率も10％以上になることが証明されています。長年試行錯誤を繰り返し、やっとの思いで作った完璧なシステムをもとにしたビジネスモデルです。時間をかければ必ず売れるはずです！　私を勇気づけるのが仕事のコンサルタントがそんな弱気では困ります！　どんどん売り先を紹介して下さい！」

「しかし、現にアンケートを読むと、『技術的には高いが、使い勝手が悪く高過ぎるため、買う気になれない』という厳しいコメントが多くの潜在顧客から寄せられています。財務業況がさらに悪化し手遅れになる前に、ビジネスモデルを再構築するようお薦めします」

起業コンサルティングをしていると、社長が自信を持って構築したビジネスモデルが、そもそも儲からないものである、というケースがよくあります。

一見すると、理論的には市場もニーズもありそうなのですが、実際に一定期間営業（テスト）したところ、予想もしない障壁が次々と明らかになり、客観的に見れば売れないことがわかってくるのです。

それでも、苦労して作り出したビジネスモデルであればあるほど、思い入れがあり、起業家は頑としてこのしくみを変えようとしないのです。苦労して創り出したビジネスモデルにすべてを賭けているからでしょう。

事業が理論通りいくことは、まずありません。ですから、起業しながら、非現実的な点や矛盾をどんどん修正・変更し、ビジネスモデルを変えるか、進化させていかなければなりません。それができなければ、そもそも事業は成り立たないのです。

オマケの黄金ルール

理論よりも現実と結果を直視しよう。

GOLDEN RULE 29

人材は「この指止～まれ！」で集めればいい

設立したばかりのベンチャー企業に優秀な人材を集めるのは、至難の業です。できたばかりでいつ潰れるかわからないですから、変人は除いて、ふつう優秀な人ほど来たがりません。では、どうしたら、優秀な人材を集められるのでしょうか？

私の米国時代の友人、ジェフ・スミスは、起業するのにまったく資金がありませんでした。会社設立時に事務所も借りるお金がないので、我が社の米国事務所の一部を無料で貸しました。当然、人を雇うお金もありません。

そこで、彼はインターネットで人の募集を行うことを考え出しました。それも「この指止～まれ！」方式で、です。その募集広告がとてもユニークだったので紹介します。

「優秀な人材急募！　できたてホヤホヤのベンチャー企業ですので、**給料を払うお金はありません。でも成功報酬を出しますので、いっしょに会社を大きくしてみんなでガッポリ儲けましょう！**我々と夢を共有しながら働くことに興味ある起業家精神旺盛な人は、連絡下さ～い」

驚いたことに、このインターネット広告で、全米から「固定給なしの成功報酬で働いてもいい」

という変わり者が約３００人も集まったのです。

応募者の履歴書を見せてもらったところ、そのほとんどが、ハーバード大学をはじめ一流大学出身者やＩＢＭの現役研究者など、まさに「超」優秀な人材だったのです。

問題は事務所でした。３００人入る事務所など借りるお金はありません。

悩み抜いたジェフは一つの名案を考え出しました。がら空きのオフィスビルのオーナーと交渉し、会社が儲かり始めたら賃貸料を払うことを条件に３００人分の事務所を、敷金・礼金もなしで貸してもらったのです。

もっとビックリしたことは、入居にあたって必要な事務所で使うパソコンやオフィス家具、また内装・備品などのすべての費用を３００人個々人とビルのオーナーに負担させ、会社はほとんど出費なしという離れ業をやってのけたのです。

みなさんも「この指止～まれ！」で人材を集めてみては？

どうせ、ダメでもともとですから。


ベンチャー経営では、常識にとらわれない発想の転換が成功のカギ。

最初は営業ができる人しか雇ってはいけない

起業家のなかには、いったん会社をつくると体裁を整えるため、経済的に余裕もないのに秘書だとか事務スタッフだとかを雇う人がいます。

私に言わせれば、まったく無意味で無駄なことです。まわりの人はあなたが新米起業家で、会社を始めたばかりだと知っていますから、格好つけてお金を使ってみてもすぐわかりますし、評価も落ちます。かえって経営者として危険視され信用も失くします。

会社を創って、もし最初に誰かを雇わなければならないとしたら、営業ができる人間だけです。なぜなら、まず売上を出さなければならないからです。売上がないと利益も出ません。本来利益が出なければ、利益を生まないスタッフなど雇えません。

ですから、まずできる営業スタッフだけを雇います。ガンガン営業してもらい、売上を作って稼いでもらわなければなりません。

実は営業以外の仕事は、すべて社外に業務委託できます。事務も経理も秘書業務もです。会社を設立したら、とにかく売上と利益を上げることだけに全精力を使って下さい。極端なことを言えば他のことはどうでもいいのです。

事業においては、まず売上ありきです。売上や利益もないうちに営業ができる人以外の人間は雇ってはいけません。

これは、あたりまえで単純なことですが、ほとんどの新米起業家は守れていません。不安も手伝ってか、ついつい余計な人、売上に貢献できない人を雇ってしまうのです。

ここで注意してほしいのは、前の会社で営業ができたからと言って、あなたの会社でも営業ができるとは限らないことです。

ですから、**営業スタッフはいきなり長期ではなく、3か月以内の試用期間を設け、どれだけできるか様子を見て下さい**。それで、営業成果が出せない人は雇い続けてはいけません。会社にとっても、本人にとってもよくないからです。

急成長したIT系ベンチャー企業であるソフトバンク、楽天、サーバーエージェントなどもみな、一見派手な経営をしているように見えますが、実は、この「起業立ち上げ時の基本」しっかり守って成長してきたのです。逆に守ってきたからこそ、短期で成長でき上場もできたのです。

効率や費用対効果を考えて、業務委託をドンドン活用しよう。

大企業の元管理職は使えないので雇わない

新米起業家にとって、経営面での経験や知識がないことはとても不安です。そのせいか、無難だと勘違いして大企業の管理職出身者を雇いたくなります。彼らは人脈があり、人生やビジネスの経験が豊富そうに見えるからです。もちろん、例外もありますが、基本的には大企業の元管理職は、ベンチャー企業ではまったく使いものになりません。

理由は簡単です。大企業では人材も豊富で、すべてにおいてベンチャー企業に比べると環境が整っています。ですから、大企業の管理職の主な職務は、仕事を部下に振っておいて、上がってきた報告書や稟議書をチェックしハンコを押したりする、いわばプロジェクトのコーディネーター的なものが多いのです。

私も大企業へのコンサルティングでこれを実感しました。でも、これでは火事場の馬鹿力は出ないのです。ベンチャー企業の仕事は、年齢・経験・知識・職歴などほとんど関係ありません。**誰に頼ることなく、また誰からの支援を得ることなく、一人で案件を見つけ出して開発し、猛然と仕事を進めなければなりません。**

過去の大企業での実績など一切関係ありません。逆に、大企業という恵まれた環境下で挙げた実績は、往々にして多くの人に助けられたからこそなしえたのであって、ベンチャー企業では参考にすらなりません。まったく組織環境が違いますから。

一度ベンチャー企業に入ったら、新入社員と同じ気持ちで、泥臭いことも含め何でも1人でやり、休むこともなくスピーディーにどんどん大きな成果を出さなければなりません。

国際ベンチャーコンサルティング業務を行う当社も、かつては、一流大学出身で一流企業の管理職経験者をテストで何人も雇いました。本人たちは成果を出せると豪語していたのですが、残念ながら全滅でした。正直言って、彼らを見ていて同情しました。

それなりに一生懸命やっているのですが、いわゆる「大企業病」が染みついているのです。仕事が遅い、周りの人をいちいち巻き込む、費用対効果を考えない、定時勤務に慣れているため、「ここぞ！」という時でも集中的に働けず、成果が出せませんでした。

大企業と違って、いつ潰れるかわからない厳しいベンチャーの世界では、そんな仕事をしていれば、儲けるタイミングを逸してしまうのです。

経営面での経験や知識の補充には、外部顧問を利用すればいい。

32

GOLDEN RULE

社長より高い報酬をとる社員がいて当たり前

ベンチャー企業と中小企業の大きな違いがいくつかあります。

最も違うのが、ベンチャーは新しい技術・製品・システム・サービスなどを駆使して、ニッチである新市場に参入、もしくは開拓することによって急成長することです。

それが業歴の長く安定的な成長を志向する中小企業にはできない、ベンチャー企業の特質でもあり醍醐味です。

ですから、ベンチャー企業の場合、爆発的な動きを後押しする組織体制が必要で、それを可能にするのが「成功報酬制度」です。**つまり、年齢・性別・経験・知識など一切関係なく、頑張って成果を出せば出すほど報酬がもらえる制度です**。

私は報酬に関してこれほど公平な考え方はないと思っています。なぜなら、ビジネスの世界そのものがそうなっているからです。

我々は資本主義経済社会に生きています。米国同様、株式会社で経営陣、とくに最高経営責任者（CEO）は、成果を出せば出すほど、要するに会社や株主に利益を還元させられればさせられるほど、高い報酬を得られるのが認められています。

同じことで、社員でも成果を出した人は、それを高く評価し成功報酬を出すべきでしょう。でなければ、有能な社員ほどやる気を失い辞めていきます。

福利厚生などが手厚い大企業に比べて不利な人材獲得・保有競争を強いられているベンチャー企業にとって、成功報酬制度は必要不可欠です。

この制度では、会社への貢献度で報酬が決まるわけですから、CEOより社員が会社に貢献していれば、当然その社員はCEOより報酬を得られることになります。米国では、こうしたケースを数多く目にしてきました。

20年近く米国でビジネスをしてきた私が知り得る限り、「CEOより社員が報酬をもらえる可能性ある会社」、たとえばマイクロソフト、デル・コンピュータ、グーグルなどは、急成長し大成功しています。

逆に固定給制度を取ってしまったベンチャー企業は、伸び悩み、中小企業化しています。とくに、成果も出せない社員に固定給を払い続けた会社は、例外なく潰れています。

「成功報酬制度」は、ベンチャー成功に必要不可欠だ。

多彩な人物を相談役（アドバイザリー・ボード）に据えよう

米国の起業家が実践していることで、日本の起業家もやれば経営上絶対に助かることがあります。それは相談役を置きアドバイスを受けることです。

相談役で構成されるグループを米国では、「アドバイザリー・ボード」と言います。日本語に訳すと「相談役会」です。通常は5〜10人程度のメンバーで成り立っています。

彼らは、ベテラン経営者、ベンチャー・キャピタリスト、インベストメント・バンカー（投資銀行家）、弁護士、ＣＰＡ（公認会計士）、経営コンサルタントなどで、それぞれ起業あるいは起業支援に関して経験が豊富なプロです。

「アドバイザー・ボード」のメンバーは別に有名人だったり、大物だったり、お金持ちである必要はまったくありません。

相談役になってもらうポイントは、すでに成功している人で、起業家であるあなたのことをよく知り、あなたの成功のために喜んで無報酬で応援してくれる余裕のある人です。

できれば、それぞれが違う分野のプロであることが望ましいです。さまざまな経営上の課題をすぐに相談できるので、問題解決能力が高まります。また、彼らは長年培った一流の人々との人脈があるため、必要な人々を紹介してくれることでしょう。

相談役にするべきでない人は、知ったかぶりをする人、思い込みの激しい人、古い考えの人、強引な人です。つまり、自分の意見が絶対だと思い込んでいる傲慢な人です。

ちなみに、当社でも「アドバイザリー・ボード」を設置しています。

メンバーは、大手ホテル・チェーン元CEO、短期間で一部上場した起業家、IT専門学校理事長、大手監査法人系コンサルティング会社CEO、大手ケーブルテレビ会社CEO、大手投資会社CEO、大手IT会社元CEO、ベテラン経営コンサルタント、国際ベンチャー・キャピタリストなどで構成され、経営で迷ったり、問題が起こるごとに相談しています。

彼らから的確なアドバイスをいただいたり、力になってもらえる人を紹介してもらったりで、本当に助かっています。

ただし、相談役はありがたい存在ではありますが、彼らも誤解したり間違えたりすることがあります。アドバイスはあくまでも参考にし、決して鵜呑みにしないようにして下さい。

無報酬で相談役を引き受けてくれる元気なシニアは意外に多い。

34

GOLDEN RULE

外部専門家チームは起業当初から結成しておく

起業のコンサルティングを行う際に、クライアントにお願いしていることがあります。

起業後速やかに、アドバイス・支援してもらえる外部専門家チームを結成することです。これは、とくに上場を目指すベンチャー企業では、必要不可欠です。米国では、ほとんどの起業家がこのチームを結成していますが、日本でこれを実行している起業家はあまりいません。

私が会社の立ち上げを最初からお手伝いする場合、まず、起業家に行政書士、弁護士、公認会計士、税理士、社会保険労務士、弁理士等の専門家グループを紹介します。さらに、銀行、証券会社、保険会社、監査法人で、それぞれ窓口となる担当者にも会ってもらいます。

ほとんどの起業家は不思議がります。

「まだ会社を設立したばかりなのに、そんな外部専門家チームを紹介してもらっても、早過ぎて意味がないのでは？」と。

しかし、外部専門家チームを起業家に紹介するタイミングは早いほうがいいのです。

ベンチャー企業は「スピード経営」をしなければなりません。会社設立当初はアドバイスや支援が必要ではないとしても、どのタイミングでどんなことを誰に相談すべきかぐらいは、最初から理解しておくべきでしょう。

とくに上場を目指している場合、**事業シナリオの構築など、長期的な観点から留意すべき課題については、会社設立時から念頭に置いておくべきです**。外部専門家チームは、こうしたケースでドンドン知恵を貸してくれることでしょう。

正式な仕事の依頼をする前に相談しても、あなたのことが好きになれば、ボランティアでお手伝いしてくれます。

私は設立して1年以内にスピード上場した会社の支援をしたことがあります。その経験から言うと、上場を目指している起業家は、会社設立当初で売上ゼロの状態から、早くも上場準備に入るケースがあります。最初から外部専門家チームを結成し、計画や事情を知ってもらったうえでサポートを受ければ、困難もスピーディに克服できるのです。

ただし、初期段階から協力的に関わってもらうためには、フットワークが良く融通も利く外部専門家を選ばなければなりません。

外部専門家は、ウマが合う人を選ぼう。

上場できるビジネスかどうかは続けてみて初めてわかる

「浜口さん、○○○のビジネスモデルで起業します。資金集めの相談に乗って下さい」

「わかりました。これから○○○関連ビジネスは急成長し、巨大になります。戦略次第で、短期上場できると思いますよ！　ぜひ、上場させましょう!!」

「お言葉ですが、○○○関連ビジネスはこれからです。まだまだニッチ市場ですし、うちのこのメンバーの能力では、とても上場できるとは……」

大企業を退職して起業したての社長さんが言いました。私の「短期上場できる」との言葉に疑問をもたれたのでした。それもそのはず。そのビジネスの市場が大きくなるとは、誰も予想していなかった頃のことですので。でも、この会社は2年後にすんなりと上場できたのです。

「うちの事業の潜在市場は大きいので、必ず上場できます」とか、「当社は問題だらけで、とても上場なんて無理です」と、決めつける社長さんがよくいます。これは大間違いで、上場できるか否かは、やってみなければわからないのです。

私は日・米・アジアで数々の会社の上場支援をしてきました。ですが、そのほとんどの会社が創業した時には、社長以下誰も上場できるとは思えないくらい問題だらけでした。

でも、一つひとつ問題を解決していったところ、自然に上場できました。ある社長などは、「気がついたら上場できた！」と正直な胸の内を語ってくれました。

これは極端な発言ですが、上場とはあくまでもその成長過程の一つであり、目指さなくても会社が上昇気流に乗れば、自然にできてしまうものです。

なぜなら、**上場程度を目標にしていたら本物の経営はできないからです**。万が一無理して上場できたとしても、その後、業績向上と株価の維持というさらに厳しい要求をクリアできず、会社は衰退し、場合によっては潰れてしまいます。

上場とはボクシングに例えると、プロボクサーとして戦える実力が評価され、株式市場というリングに上がらせてもらっただけなのです。生き残れるかどうかは、リング、即ち上場後の戦いで決まります。厳しい世界なのです。

ボクサーになりたての頃、プロデビューして正式なリングに上がるまでの実力がつくかどうかは、誰にもわかりません。続けてみて初めてわかることなのです。

「本物の経営」をしていれば、自然に上場できる。

小さく生んで、小さく育てる

会社を創り、成長させていく理想の形として、「小さく生んで、大きく育てる」というフレーズがよく紹介されます。私は、その考え方はもう古いと思っています。

これからは、「小さく生んで、小さく育てる」ほうが、勝ち組になれる発想だからです。

高度経済成長期やバブル経済期では、「大きく育てる」戦略が受け入れられていました。しかし、すでに企業が規模の大きさを目指す時代は終わったのです。大きいために、会社の動きが象のように鈍くなり、スピーディーな経営環境の変化に対応できなくなって、おかしくなっていくケースがあとを絶ちません。

その典型的な例が、ダイエー、西武グループ、マイカル、マクドナルド、カネボウなどのような売上至上主義で失敗した企業です。「大きいことはいいことだ」と、利益率を無視してどんどん拡大していき、破綻しました。

日・米・アジアで起業コンサルティングをしてきた経験から、起業家に警告しておきたいことがあります。

「ベンチャー企業が拡大路線をとり始めたら、経営は危なくなる」という厳しい事実です。ベンチャー企業の強みは、**規模が小さいため経費がかからず、高い利益率を確保できることです。また、意思決定やその導入・実行のスピードが速いことで大企業に勝てる競争力を保っているのです。**しくみができあがって安定している大企業並みに規模を大きくしたら、強みだった「スピード経営」ができなくなり競争の優位性を失います。いずれは滅ぶでしょう。

マイクロソフトやデル・コンピュータが強いのは、売上・利益の割に社員数が少なく本社が小さいことです。販売費や管理費を抑えられる分、非常に高い利益率を維持しています。

米国で最も成功している投資会社、バークシャー・ハザウェイ社は、米国で二番目の大富豪で天才投資家と評されているウォーレン・バフェット代表を含め、高々10人以下のメンバーで毎年1兆円以上の利益を上げています。

と言うことは、平均すると1人で毎年１０００億円以上を利益として稼いでいることになります。彼らは利益額から見たらとんでもない世界的大企業ですが、10人以下で会社を小さく育てているベンチャー企業です。

ベンチャー企業が無理な拡大路線をとり始めたら、危なくなる。

第3章

会社を軌道に乗せるための黄金ルール

経理・財務管理体制はまずアウトソースで

起業家が最も多く犯しやすい、致命的な間違いの一つに、経理・財務管理体制の確立を先延ばしにすることが挙げられます。

会社が軌道に乗るまで、資金をできるだけ使わないのはいいのですが、経理・財務管理体制の確立にかかる費用までケチることは、経営上の重大な判断ミスです。

というのは、経営上の意思決定に欠かせない正確な財務情報が得られないばかりか、資金調達に必要な資料を投資家や銀行に対してタイムリーに提出できなくなるからです。

一般に、起業すると予想以上にお金がかかり、当初準備していた資金はあっという間になくなるものです。そのため、あわてて資金調達に走るのが、ベンチャー企業の宿命です。

ぜひ覚えておいてください。**お金とは、急に必要になることはあっても、急に調達できることはまずないのです**。

業績が安定している大企業ならいざ知らず、いつ潰れるかわからないベンチャー企業に資金提供するとなると、銀行も投資家も、リスク分析・管理のために、徹底的に相手先企業のことを調べます。

もし、いいかげんな財務情報を資金提供者に提出すれば、信用は一気に失墜します。銀行や投資家は資金提供どころか、すでに資金を出していれば、回収を始めることでしょう。

また、タイムリーでない財務情報をもとに起業家が経営を進めていると、どこかで意思決定を間違えて、会社は危機的な状況に陥ることでしょう。

ですから、常日頃から経理・財務管理体制を確立し、スピーディーかつ正確な財務情報を出せるようにしておかなければならないのです。

そのために、起業家は絶対にやるべきことがあります。会社を立ち上げたら、社内の素人に経理・会計業務をやらせるのではなく、専門家である税理士や会計士などにアウトソース、即ち請け負ってもらいましょう。

間違いのない経理・財務管理体制が速やかに確立できます。

専門家に当初からかかわってもらうメリットは、最初から間違いのない、効率的かつ効果的な経理・財務管理体制を敷けることです。

正確かつスピーディな財務情報の提供は、資金調達に不可欠だ。

38

GOLDEN RULE

売って売って売りまくるのみ

起業して会社を軌道に乗せるためにするべきことは、難しく考えたら山ほどあります。

しかし、根本的には、ただ一つです。会社の技術・システム・商品・サービスなど、つまり売れるもの、収益源になるものを「売って売って売りまくる」ことです。それが会社経営の基本であり、すべてです。

極端なことを言えば、会社にとってそれ以外に大事な、絶対必須事項はないのです。

どんなに素晴らしい人材がいても、どんなに売れそうな技術・システム・商品・サービスを開発しても、どんなにしっかりした経理・財務管理体制を確立しても、どんなにすごい経営戦略を構築しても、商品やサービスが売れなければ継続的にお金が入ってこないので、会社は行き詰まり、時間の問題で潰れてしまいます。

ですから、会社を立ち上げてから軌道に乗せるまでは、徹底的に「売って売って売りまくり」、ヒト・モノ・カネ・情報・時間などすべてのリソースを「稼ぐことの活動」のみに集中させて下さい。

さもなければ、信用・実績・資金・人材など経営に大事なものが揃っていないベンチャー企業は、負ける原因を自分で作ることになります。

「売って売って売りまくる」のに、理屈は入りません。行動あるのみです。営業・マーケティング戦略などの裏付けもあればなおベターですが、最後は人間力です。つまりは、

「会社を潰さないために絶対に売るぞ！」

という強い責任感です。**大企業の元管理職がベンチャー企業で通用しないのはこの点です。「自分で自分の給料を稼ぐ」という発想がないのです。**

要は、「自分が成果を出さなければ、会社が潰れる！」との思いで行動できるかです。会社が軌道に乗るまでは、それ以外の人は必要ありません。徹底して営業をする人だけで十分です。いずれにしても、他の業務は外部に委託できますので、慣れているプロの専門業者にどんどん任せればいいのです。そのほうが、かえって安くつくケースも多いのです。

当社も軌道に乗って何年も経ちますが、経理・財務管理体制やサービス・人材供給など、「稼ぐ」ことに直接関係しない業務は、パートナー企業や個人に委託しています。

営業力＝人間力、これに尽きる。

「自分が社長でいいのか」を常に考える

「浜口さん、我が社は、上場を目指していますので、ぜひ実現できるように経営コンサルティングしていただけますか？」

「ご依頼ありがとうございます。ただ、お引き受けするのに一つ条件があります」

「なんでしょうか？　私や弊社にできることでしたら、なんでもやらせていただきます」

「誠に言いづらいことですが、あなたに社長から降りていただきたいのです。対外的な面目がおありでしたら、会長、顧問、相談役などに就任されることをお勧めします」

「ちょっと待って下さい！　私が社長として上場するという目標を達成するために、先生にコンサルティングの依頼をしているのですよ！　それでは、コンサルティングをお願いする理由がなくなります！」

「貴社に何度か訪問させていただき、あなたの言動も拝見させていただきました。結論から申し上げて、あなたが社長である限り、貴社は伸びません。伸びるどころか、どんどん悪くなっていきます。なぜなら、社員があなたの言動に不信感を持ち、だんだん離れていっているからです。やる気のある有能な社員は、時間の問題で辞めていくでしょう」

「う〜ん……」

「ですから、あなたが社長をしている間は、会社は衰退し、潰れることがあっても、伸びること、さらには上場できることはないというのが私の診断です。ご立腹、失礼は覚悟で申し上げています。ただ、我々プロのコンサルタントは企業の医者ですから、診療の結果、会社が病み、その原因がわかった場合、患者さんが怒ろうと、その事実を正確に伝える義務があります」

「わかりました。私が社長を辞任すれば、受けていただけますか？」

「はい、新社長になる方が我々が納得できる人であれば、お受け致します」

これは、私が実際にコンサルティングしたあるベンチャー企業のケースです。この社長が一定の猶予期間の後に辞任することを条件にコンサルティングをお引き受けしましたが、実際には、抵抗して辞めませんでした。

その半年後です。会社が倒産したのは……。


社長になったら、いつバトンタッチすべきか常に考えるべきです。

上場出来るか否かは、社長の人格次第。

「人材」あっての「経営戦略」と心得よ

企業経営において「経営戦略」が大事だと言われます。何も考えずにやたらと努力することがどれだけ無駄であるかを体験した経営者なら、みな同感でしょう。

ただし、「経営戦略」は単に立案するだけでは、まったく意味がありません。それを実践し成果が生まれてこそ、初めて価値が出てくるのです。

それでは、「経営戦略」を実行するために最も大事なポイントは何かわかりますか？

それは、「人」です。「人材」なのです。戦略を実現するためには、それを効果的に導入して最大の成果を出せる「人」が必要なのです。

ベテランの戦略系経営コンサルタントは、頭が良くセンスもいいので、素晴らしい「経営戦略」を立案します。ところが、それをクライアントであるベンチャー企業に提案した場合、必ずこう言われます。

「先生、素晴らしい経営戦略ですね！　しかし、弊社にはそのすごい経営戦略を導入・実践する有能な人材がおりません。ですから、先生自身が弊社に来て実行いただくか、あるいは、それを実行できる人を探して弊社にご紹介いただけますか？」

こうした話を、ベンチャー企業の社長さんから何度か聞きました。我々は戦略専門のコンサルタントではありませんが、クライアントから要請があれば、「経営戦略」の導入・実行までを行います。しかし、我々が導入するだけではダメなのです。企業内部に、責任を持って実践し続け維持できる人、やはり「人材」が不可欠なります。

つまり、「経営戦略」は人材があって初めて導入できるし維持できるのです。実行する人がいなければ、まさに「絵に描いた餅」となり食べられません。

逆に「人材」がいれば、外部コンサルタントに頼る必要はありません。「人材」が、自社において自分たちでできる「経営戦略」を立て、すぐに実行すればいいのです。

ベンチャー企業の経営において、「経営戦略」は非常に大事です。「経営戦略」がなければまず大企業に勝てないでしょう。

しかし、最後は「人材」です。「人材」がいればこそ、「経営戦略」も生きてきます。ですから、まず「人材」の育成・獲得が必須なのです。

社内に人材がいれば、コンサルタントに頼る必要はない。

失敗することを前提にした「スピード経営」を

ベンチャー企業は大企業に比べ、信用・実績・知名度・人材・規模・資本力等々ほぼすべての面において劣っています。でも、小さいこその強みもあります。それは、マイクロソフトの創業者ビル・ゲイツ会長も指摘しているように、「スピード経営」ができることです。

「スピード経営」とは、不確実でもスピーディーに意思決定し、決まったことをスピーディーに導入・実行したうえで、間違いもスピーディーに修正することです。

企業を取り巻く経営環境が信じられないくらいスピーディーに変化している昨今、実は「スピード経営」ができることは、「超」有利なのです。

ご存知のように、最近では、ベンチャーが大企業に対する競争力を高めています。大企業のほうが、規模や資本力では圧倒的に強いのですが、意思決定や新しい戦略の導入スピードにおいてベンチャーが勝っているため、結果的にはベンチャー企業のほうが有利になっています。

まさに、ビジネスで勝つための「ルール」が変わりつつあるのです。

なぜ、ベンチャー企業は「スピード経営」ができるのでしょう？

それは、ベンチャーがそもそも理屈抜きの破れかぶれで起業し成長してきたため、失うことへの恐れや執着がないからです。いつも「当たって砕けろ」でやっていけます。

また、大企業に比べ企業規模が小さく、自由な企業風土で意思の疎通がしやすくなっていますから、一度決めたら一致団結して全員で頑張れるのです。

世の中の動きがあまりに速く、しかも激変しています。昔のようにできるだけ情報を得てから意思決定をしていたのでは、すでに状況は変わり手遅れになりかねません。

ですから、**60％くらいの情報を得た時点で、とりあえずスピーディーに決断を下して、一歩を踏み出す**しかないのです。

ワタミの渡邉美樹社長の意思決定は、とにかく速いです。失敗することを前提に、まず決めてすぐに実行します。失敗覚悟ですから、実行後、こまめにチェックし、間違いがわかった時点ですぐにやり直すのです。

確実な情報を得られるまで延々と待っているより、まず決めてやってみて、それから修正をかけていったほうが、会社は確実により速く正しい方向に向かうのです。

ベンチャーが大企業に勝てるゆえんは、「スピード経営」にある。

マスコミに売り込んで記事を作ってしまう

「はい、日本経済新聞社です」

「ＪＣＩの浜口と申しますが、ベンチャー企業担当の記者はおられますか？」

「はい、それではベンチャー・起業部におつなぎ致します」

「お願い致します」

「記者の○○です」

「初めまして！　いきなりで失礼します。国際起業コンサルティング業で起業したばかりの浜口と申します。米国でも同様の事業をしておりました。このたび、逆進出で日本に法人をつくりましたので、ぜひ、弊社を取材し記事にしていただけないでしょうか？」

「わかりました。記事になるかどうかわかりませんが、とりあえず取材させていただきます」

これは、私が米国から帰国して日本に法人を設立したての頃、誰の紹介もなく、直接日本経済新聞社に電話して取材を申し込んだ時のことです（ベンチャー・起業部とは当時の名称です）。

その後、すぐに記者は来ました。が、エレベーターのない住居用マンションの４階に狭い部屋を借りたばかりでしたので、まさに「怪しい会社」という第一印象だったようです。
マンションのブザーが壊れていたため、ドアをドンドン叩いて入ってきた記者の第一声は、「おたく、大丈夫？　おたくのことを記事にしてすぐに潰れたら、記者として責任を問われるので困るんですが……」

しかし、あまりの私の起業家支援に対する情熱と行動力に感心して、その記者はベンチャー・起業部の紙面に弊社の紹介をトップ記事として載せてくれました。その後、同じようなやり方でメジャーなマスコミにアプローチし、年間１００回近くマスコミで紹介されました。

そうしたら、記事を読んだという社長の方々からどんどん仕事の依頼が来たのです。

「ベンチャーだからマスコミは相手にしてくれない」なんて大いなる誤解です。実績や規模など関係ありません。記事にしてもらうためには、「国際性」「革新性」「流行」さえ網羅していればいいのです。それさえあれば、マスコミはどんどん書いてくれます。

ベンチャー経営者のみなさん！　遠慮せずガンガンマスコミに売り込み、無料の宣伝媒体として上手に利用しましょう！

マスコミに取り上げてもらうカギは、「国際性」「革新性」「流行」。

43

GOLDEN RULE

現金以外は信用するな

ある起業家と銀行の融資担当者との会話です。

「社長！　いくら売上が増えていると言われても、これでは資金は貸せませんね……」

「えっ！　なぜですか？　売上が増えているだけでなく、うちは創業以来ずっと黒字ですが……」

「でも、売上が増えている以上に、売掛金が急増していますよね！　それも、調べたら売り掛けで売っている大口得意先は、みないつ倒産してもおかしくないような『危ない会社』ばかりですよ！　これらの得意先が倒産したら、貴社は連鎖倒産する可能性大ですよ！　貴社が現在置かれている危ない財務状況が、おわかりにならないのですか、社長？」

ここで指摘されているように、ベンチャー経営の大事なポイントの一つに「キャッシュフロー経営」があります。

「キャッシュフロー経営」とは、キャッシュ、つまり「現金」の収入と支出を最も重視して経営することであり、現金以外は信用しないことでもあります。

逆に言うと、現金さえ十分にあれば、経営はしばらく安泰なのです。

たとえば、顧客に商品を売ったとします。売った瞬間ではなく、90日後に現金が支払われるとしましょう。会計上の「発生主義」からすると売上には違いませんが、現金主義からは、まだ現金が入ってきていませんので、入金の時点までは売上、つまり収入としては認識できません。

ベンチャー経営において、起業家はこの「現金主義」で売上や収入を認識することが必須です。

キャッシュフロー経営の観点に立てば、費用は支払わなければならない義務が生じた時の「発生主義」で、売上や収入は、現金が入ってきた時の「現金主義」で認識し始めると、健全な経営がしやすくなります。常に資金不足を警戒し、防止しようとするからです。

「現金主義」で経営すると、現金が入ってこない危機感を常に持つと同時に、現金が早く入ってくるよう、また現金がしばらく出ていかないように最大限の努力をします。

当社もキャッシュフロー経営を実践していますが、ベンチャー経営の基本中の基本として肝に銘じて下さい。

「キャッシュフロー経営」をする会社は潰れない。

甘い言葉を当てにしない

「社長、任せておいて下さい！　責任持って絶対やり遂げますから！」

こんなセリフ、聞いた覚えがありませんか？　社長が当てにしている社内外の人が、よく使うフレーズです。堅実経営の観点から考えたとき、ここに大きな落とし穴があるのがわかりますか？

この手の甘い言葉は、起業家が真面目であればあるほど、失敗の原因になるのです。信じるのみならず、１００％当てにしてしまうからです。仮に１００％大丈夫だと言われても、それを本当に鵜呑みにしたら大変なことになります。よくよく考えて見て下さい。経営で失敗したら、最終責任を負うのは、代表取締役（最高経営責任者：ＣＥＯ）であるあなたなのです。**まわりの人がどんなにいいことを言おうとも、感謝し、信じ、任せたとしても、１００％当てにはしないで下さい。**

１００％当てにした瞬間、あなたは経営の最高責任者として失格です。

これは簡単に理解できるはずです。これまで社内外の人で「大丈夫です！　必ず責任を持って成果を出しますから、安心して任せて下さい！」といったことを言われた経験は、経営者ならけっこうあるはずです。

しかし、実際にいつも100％その通りになりましたか？　どちらかと言うと、そうならなかったケースのほうが多いはずです。こんなフレーズに聞き覚えはありませんか。

「社長、すみません。私はお約束通りやったのですが、相手が……」

「ちょっと誤算がありまして……」

理由は何であれ、無責任な言い訳以外の何物でもありません。

その時、あなたは気づくことでしょう。経営の最高責任者として、他人の甘い言葉を100％当てにしてはいけなかったことを。順調だった会社が突如おかしくなったり、黒字倒産する原因の多くは、社長が安易に他人の甘い言葉を100％当てにしたことです。

ベンチャー経営は、ギャンブルとは違います。もし、あなたが、経営の最高責任者になったら、これはという社内外の人を信じ任せることは必然です。

でも、彼らの言葉を100％当てにしないで下さい。たとえ、「大丈夫です！」「任せて下さい」「必ず結果は出します」などと言われても、当てが外れることを想定して、次の手はちゃんと打っておいて下さい。

いつも最悪の状態を想定して、次の手を打っておく。

45 GOLDEN RULE

胸を張って日銭を稼ごう

一般的に、起業家は長年苦労して創り出したビジネスモデルにこだわり過ぎる傾向があります（48～49ページ、58～59ページ参照）。ある意味、命懸けくらいの気持ちで起業するわけですから、そもそもビジネスモデル自体は画期的であることが多いのです。

しかし、斬新なビジネスモデルであればあるほど、実はなかなか軌道に乗りにくいのです。理由は新しすぎて認知されるのに時間がかかるためです。

ここで、当初のビジネスモデルだけで稼ぐことにこだわると、赤字の垂れ流しが延々と続き、成果が出る前に、資金が尽きて会社は潰れてしまうのです。

では、こうした場合は、どうすることもできないのでしょうか？

20年以上日・米・アジアで起業支援してきた私は、「秘策」を考え出しました。といっても、それはごくあたりまえのことなのですが……。その秘策とは、「当初のビジネスモデルによる事業が立ち上がるまで、なんらかの方法で日銭を稼ぐ」ということです。

経営は、趣味とは違いますから、自分の好きなことだけしていればいいというものではありません。**確信して試したことが、なかなか成果が出ないのであれば、諦めず挑戦し続ける一方で、生き延びるための方法を考えなければなりません。それが「日銭を稼ぐ」ことなのです。**

ある時、私の知人が会計・財務情報をオンラインで提供するビジネスを始めました。会計ソフトがようやく普及し始めた時期で、かなり斬新なビジネスモデルではありました。

理論的には有望そうなビジネスですが、いざ営業してみると、サービス料が安いのにもかかわらず、まったく売れません。顧客候補にヒアリングしたところ、理由は簡単でした。

確かにそのサービスは画期的だったのですが、そのベンチャー企業が潰れたら、そのサービスは終わってしまうため、怖くてどの会社もそのサービスを買わなかったのです。

収入の見込みが途絶えたこの起業家は考えました。いつか、そのサービスは普及するでしょうが、当時はまだ、時期尚早です。

悩んだ結果、知人は、日銭稼ぎをしながら時間稼ぎをすることを決めました。具体的には、自社の優秀なスタッフを使ってオンライン・ビジネス・コンサルティングという日銭稼ぎを始めたのです。そのおかげで、会社は生き延びることができたのです。

新しいビジネスモデルで稼げるまで、他で日銭稼ぎをしよう。

「圧倒的な」強みがなければ競り勝てない

ステーキハウスの大手チェーン「ステーク&エール」をはじめ、レストラン業で数々の新業態を開発し大型チェーンに育てあげた「米国外食産業の神様」故ノーマン・ブリンカー氏（ブリンカー・インターナショナル創業者）は、業務提携を申し込んできた外食用厨房機器ベンチャーの社長を諭したそうです。

その時のやり取りを再現しましょう。

「ブリンカーさん、弊社の製品を売り込みたいのですけれども、大手企業をご紹介いただけますでしょうか？」

「ご紹介することはやぶさかではないですが、この製品に『圧倒的な』強みは、ありますか？」

「安価で省エネ効果があるうえ、環境にも優しいことです」

「具体的にはどのくらい安くなり、どの程度の省エネになりますか？」

「今市場で売られているものより3～5％安く、5～10％くらい省エネができます」

「それではまだまだ強みとは言えませんね！　『圧倒的な』強さがないと、なかなか売れませんよ。顧客候補となる企業は、すでに先行投資で他社の製品を備え付けています。当然、業者さんとも長年のお付き合いがあるはずですから、多少安くて省エネ効果があるだけでは、無理して取り替えるだけの動機にはなりません！」

ベンチャー企業にとっては、この「圧倒的な」ということが、大企業相手に勝ち残っていくためのカギなのです。

確かにブリンカー氏が指摘するように、ユーザーは今まで使い続けてきた製品と比べて、多少性能がいいからという理由で、他社製品に取り替えるでしょうか？

取り替えるためには、新たに製品を買い入れる資金が必要です。そのお金を出させても、替えたいと思わせるためには、「圧倒的な」メリットがなければなりません。これは、もちろん米国だけに当てはまるセオリーではありません。たとえば日本でも、ワタミの渡邉美樹社長など大成功した起業家が、新しいものを売り込まれる際、同じようなことを指摘します。

ビジネスモデルを作る際には、この「圧倒的」強みになるよう、妥協を許さず、徹底的に追求・構築するべきです。でなければ、とてもじゃないですが競争には勝てません。

売り込む時は、相手の身になって考えよう。

営業会議は毎日、経営会議は毎週、取締役会は毎月行う

20年以上日・米・アジアで起業家にアドバイスをしてきて気づいた、大事な経営上のポイントがあります。営業会議を毎日、経営会議を毎週、取締役会を毎月きちっと行っていない会社は、徐々に衰退し、最後は行き詰る運命にあるということです。

競争に勝つためには、どんな企業でも毎日徹底して営業しなければなりません。ですので、毎日の営業上の進捗状況やフォローすべきポイントについては、営業関係者が一堂に会し、正確に把握するべきでしょう。

それによって毎日の活動で無駄・無意味なことを排し、営業マンをチームの一員として効果的・効率的に動かすようにチェックするのです。営業は個人だけでやるより、チーム、場合によっては会社全体で情報を共有しながら、一致団結して組織的にやったほうが成果は出やすくなります。

そのためには、毎日の営業会議は欠かせません。

私が米国で勤めていた大手国際会計・経営コンサルティング会社でも毎日早朝に営業会議をやり、お互いチェックし激励し合うことで、チームワークを高め、スピーディーに営業活動ができました。その効果は抜群でした。

また、経営上オペレーションのカギになる人、また経営管理で大事だと思われる部署の代表を入れた経営会議を最低週1回はやるべきです。

もっと大事なことは、経営会議のなかで、**誰がいつまでに何をするかという「行動計画」を立て、毎週その達成度を確認し合う**ことです。

さらに、正式な取締役会を毎月しっかりやらなければなりません。たとえ小さいベンチャー企業であっても、一度外部の人に株主になってもらったら、毎月の取締役会は必須です。なぜなら、取締役の義務として真剣に会社経営をしていれば、取締役会で議論すべきこと、あるいは承認されなければならないことは、毎月必ず出てきます。

また、毎月必ず前月の試算表を全取締役・執行役員でレビューし、会社の財務状況を正確に把握したうえで、必要であれば、資金繰り対策などを検討しなければなりません。

営業会議、経営会議、取締役会をきちっとしなかった会社は、必ず破綻します。取締役、監査役、執行役員は、心して徹底的に実行していきましょう！

決められた会議をしっかり遂行できない会社は、潰れる。

自分よりできる人がいたら喜んで社長を任せよう

ひょんなことから親しくなり弊社のアドバイザーを引き受けていただいたソフトブレーン株式会社の創業者である宋文洲会長は、上場する前に社長業を譲ってしまいました。社員もまだ20～30人しかいない時にです。

理由を聞いたら、譲った人物は自分より経営管理が上手だし、いつまでも創業者である自分が社長をやっていると、システマティックで組織的な経営ができなくなり、会社が成長しなくなるからだ、と答えられました。

宋会長は、１９８５年に中国から北海道大学大学院に国費留学生として来日し、同大学院で博士号を取得しました。その後、天安門事件で帰国を断念し、札幌にあるソフトウェア会社に就職するものの、すぐに倒産。仕方がないので、92年28歳の時に、学生時代に開発した土木解析ソフトを売って生活するため、起業しました。

とにかく、生きていくために必死に売って売って売りまくったそうです。その努力が実り、会社は急成長し、２０００年12月に東証マザーズに上場。さらに05年6月には東証一部上場を果たし、ついに業界大手にまで登り詰めました。

最近では、発行済み株式数の約10％である宋会長自身の持ち株を、なんと上場企業がみな恐れる「村上ファンド」に売却し、村上世彰代表を社外取締役として迎え入れたのです。

宋会長は、こう言います。

「『俺がやらないでどうする』と創業者がいつまでも頑張って、いざ会社がおかしくなった時に後継者を探そうとしても、その時は間に合いません。企業改革も、瀕死の状態になってから手術しても手遅れです。長く経営をやっていると人間はどうしても自己中心的、主観的になって他人の意見を聞かなくなります……」

会社が最も伸びる一つの方法は、能力、会社への思いや愛、会社のための働きや責任感、リーダーシップなどを総合的に判断して、一番すぐれている人に社長をやらせることです。

もし、創業者で社長でもあるあなたより、できる人が出てきたら、すぐに社長業を譲って下さい！

それが人間というリソースを、うまく利用することなのですから。

オマケの黄金ルール

私利私欲を捨て、会社にとってベストなことをいつもやろう。

49

資金調達の切り札は、人間的な魅力と信用である

創業時に資金集めで苦労する起業家が多いものですが、せっかく集めた資金も通常は半年も経てばなくなってしまいます。ですから、まだ会社は軌道にも乗っていない段階で、追加で資金調達をしなければなりません。

創業時の資金調達は、実はけっこう簡単なのです。

というのは、事業そのものがスタートしていない、もしくはスタートしたばかりですので、「志」と「将来の夢」だけ語っていればいいのです。真剣に誠実に頼めば、同じ思いの人や親しい知人・友人・親族が応援の意味でお金を出してくれるものです。

この時点で、もし誰も資金援助をしてくれないようでしたら、あなたは起業家としてまだまだ魅力と信用がなさ過ぎます。それらがつくまでチャンスを待つべきです。

ところが、創業してある程度たつと、そろそろ夢と現実がかなりかけ離れ始めていることに、まわりの人々が気づき始めます。ですから、創業時と同じように「志」と「将来の夢」をぶち上げて出資や融資を頼もうものなら、「妄想者」か「詐欺師」扱いされてしまいます。

そんな時でも、資金を簡単に集められる方法が、二つのあります。

まず、一つ目は、資金集めが得意な人をCFO（最高財務責任者）として雇い入れることです。友人で先輩起業家でもある、イー・アクセス株式会社を1999年11月に創業した千本倖生会長兼CEO（最高経営責任者）は、起業と同時にゴールドマン・サックス証券でマネジング・ディレクターをしていたエリック・ガン氏を、CFOとして迎え入れました。大型資金調達のためです。ガン氏のおかげで、イー・アクセスはいとも簡単に目標だった60億円を無事に、しかも短期で集めてしまいました。その4年後、東証マザーズに、翌年（2004年）11月、東証一部に上場を果たしたのです。

もう一つの資金調達の方法は、外部の資金調達のプロと組むことです。

彼らは絶えず資金調達の支援をしていますから、さまざまな投資家や金融機関と親しくしています。私自身もその一人です。過去を振り返ると、私がベンチャー企業の資金調達のために支援した総額は、優に1200億円を超えています。

結局、資金が集まる最大の理由は、事業ではなく、経営者の魅力と信用なのです。

有能なCFOか専門コンサルタントを確保すれば、資金調達はラクだ。

リーダーはCEO一人だけでいい

「経営学の神様」と言われていた故ピーター・ドラッカー博士と私は、テキサス州ダラス市内のホテルで、打ち合わせをしていました。

そのとき、突然彼のファンと言う米国人若手起業家がサインを求めるついでに、ドラッカー博士にある質問をしました。さっそく、そのやり取りを再現しましょう。

「小学校時代からの親友と事業を始めることになりました。気心が知れているので、共同代表制でキャラクター開発・販売事業をすることを計画中です。ドラッカー先生は『共同経営』についてどう思われますか？」

「事業内容については専門家ではないのでわかりません。しかしながら、共同経営はやめたほうがいい！　なぜなら上下関係がないと、往々にして喧嘩になり収拾がつかなくなります。**誰が真のリーダーなのかわからない分、責任の所在が不明確になりがちです。ビジネスがうまくいかなくなると、責任の擦りつけ合いが始まり経営が混乱します。**経営の基本として、最終責任がとれる人がCEO（最高経営責任者）となり、最終決定をすべきです」

ドラッカー博士が言われた通り、共同経営は絶対に避けるべきです。最終のリーダー（CEO）は1人に限定しなければ、指示系統が混乱して、組織の団結力を欠きます。部下は困惑し組織は空中分解するのです。まさに、負ける要因を作ってしまうようなものです。

昔、ある事業で私が共同経営をしていた際、もう1人の代表は私の意見を聞かず突っ走ってばかりいました。ワタミの渡邉美樹社長にそれとなく相談したら、リーダーは1人のCEOだけでいいので、共同経営をやめるよう進言してくれました。

私はすぐにその会社から手を引きました。それから1年後です。その会社が、社長の暴走を止められず、ついに倒産してしまったのは……。

ビジネスは、とくにベンチャーは毎日が大企業との戦いです。小さい組織であるにもかかわらず、メンバーが団結できなければ、大企業との戦争に勝てるわけがありません。

組織ですから、CEO以外に、COO（最高執行責任者）、CFO（最高財務責任者）、CTO（最高技術責任者）などのマネジメント・チームを作ることは大事ですが、上下関係は絶対に必要です。意見が分かれた時に何も決められなくなりますから。

最終責任をとれる人がCEOをやり、最終的な意思決定をするべき。

銀行と付き合わない無借金経営は恥ずべきことである

会社を設立する時、資本金の払込などを通じて銀行に口座を開くなど、銀行には何かとお世話になります。あなたが賢い起業家になりたいのなら、事務的に銀行員とやりとりするだけでなく、これを機会に、銀行とのいい関係を築いていきましょう。

よく「無借金経営」を自慢する経営者がいますが、大いなる勘違いです。おそらく、それまでたまたま事業上運が良かったため、金融機関にお世話にならずにきたのでしょうが、これから先はどうなるかわかりません。

急に資金需要が発生し、金融機関から借りなければならなくなる場面に遭遇するかも知れません。

「事業をやること＝倒産リスクを背負うこと」

これは、私がいつも起業家に話し、自ら肝に銘じていることです。

サンリオの辻信太郎社長も会社は何もしなければ潰れることをよく言われます。また、セブン＆アイ・ホールディングス（旧イトーヨーカ堂グループ）創業者の伊藤雅俊名誉会長も、ご自身がトップとして指揮をとっていた頃は、絶えず倒産する夢を見て、心を引き締めたそうです。小売業を中心に日本最大級の高収益企業グループを育てた伊藤氏ですら、ここまでの心がまえをもっていたのです。

事業をやる以上、倒産リスクを必ず背負うわけです。永遠に無借金経営ができることなど、まずありえないのです。

ですから、金融機関とは、いずれガッチリお付き合いしなければならないのです。ちなみに成功した起業家は、金融機関、とくに銀行との付き合い方が実に上手です。

単なる金貸し屋としてではなく、長期的な総合ビジネスパートナーとして銀行を大事にしています。

弊社も大手銀行各社との取引があり、定期的に情報交換し、クライアントや提携先企業を紹介し合うようにしています。

そのため、各銀行との信頼関係ができ、いざ資金が必要な際には、電話一本かければ低金利、かつ長期返済が可能な借入れの内諾を、一瞬でいただけるようになりました。

ポイントはとにかくまめに各銀行の担当者や支店長、さらには本社役員に会って、情報交換・現状報告・事業計画説明などを行うことです。後になって大きな力になります。

銀行とは総合的なビジネスパートナーとして長期的に付き合いたい。

52

GOLDEN RULE

ベンチャーキャピタルの「裏技力」を使おう

ベンチャーキャピタル（ＶＣ）の役割として一般に知られているのは、リスクをとり、ベンチャー企業に投資することです。

そして、その投資先企業を上場させたり、その株式を他社等に売却することで、キャピタルゲインを得て利益を出しています。単純に、投資した時の株価より少しでも高い価格で売れれば、その分が儲かるのです。したがって、ＶＣが投資する際に重視するのは、リスクもさることながら、将来的に投資先企業の価値（時価総額）がどれくらい高くなるかという点です。

これが、よく言われる「ハイ・リスク、ハイ・リターン」投資です。

資金が必要な起業家にとって、金融機関が実績や歴史のない会社になかなか融資してくれないなかで、ＶＣが投資してくれることは、とてもありがたいことです。

ＶＣと付き合うメリットは他にもあります。投資をしてもらう前段階でも、売上増大のため、もしくは相乗効果の得られる業務提携のため、ＶＣがすでに投資して株主になっている会社や、これから投資を検討している会社に、あなたを紹介してくれることです。

つまり、あなたの会社に投資するしないにかかわらず、担当者と親しくなり、信頼関係が構築できれば、ＶＣは、「強力な助っ人」になってくれるのです。もし、ＶＣの紹介先企業があなたの会社の将来性を高く評価すれば、さらに有力者、会社、投資家に紹介してくれることでしょう。そのうえ、最終的にはＶＣ自身が投資してくれれば、すごいメリットを得ることができます。

このＶＣのネットワークや無料支援の「メカニズム」を使わない手はありません。

私はこのことをＶＣの「裏技力」と名づけています。通常ＶＣとは単なるベンチャー企業への投資会社とみなされているため、起業家は、このＶＣの強力なネットワークや無料支援の「メカニズム」、つまり「裏技力」を知らないのです。

弊社は起業家を支援する場合、まず私か弊社のコンサルタントがリーダーとなり、応援団を作ります。それも起業前を含め、できるだけ早い段階にです。

その応援団で弊社以外に中心的役割を果たすのが、ＶＣなのです。彼らは親しくなれば、どんどんためになる会社や個人を紹介してくれます。紹介してくれないのは、ＶＣの担当者にやる気がないからか、あなたに起業家として、また人間としての魅力がないからです。

起業家の対応次第で、ＶＣは「強力な助っ人」になる。

奇跡を起こすからこそベンチャー経営なり

「できません」「無理です」「不可能です」

これらは、弊社では絶対に言ってはいけない禁句です。

なぜなら、ベンチャー経営とは、そもそも「できないことをできるようにする経営」、「無理を承知でやり抜く経営」、「不可能を可能にする経営」だからです。総じて「ベンチャー経営＝奇跡を起す経営」なのです。

これは、20年以上ベンチャー企業を日・米・アジアで支援してきた私の持論です。

よく調べてみてください。そもそもベンチャーで急成長した会社、たとえば、マイクロソフト、ウォルマート、デル・コンピュータ、グーグル、ソフトバンク、ワタミ、グッドウィル、ファンケル、ブックオフコーポレーション、ドン・キホーテ、楽天、サイバーエージェントといった企業は、創業当初から順風満帆だったでしょうか？

事実はまったく逆です。

騙されたり、倒産の危機を乗り越えるなど苦労の連続だった企業ばかりです。

急成長できたベンチャー企業は、できないこと、無理なこと、不可能なことをやり続けて今日まで来たのです。ですから、他社にはできなかった急成長を実現させたのです。

大企業を含め他社ではできないことを無理してやり遂げたため、他社より抜きん出ることができたのです。まさに、**「競合他社より成果を出したいなら、他社ができないことをやれ！」**です。

私が、創業期のベンチャー企業を支援・コンサルティングするというビジネスモデルで起業した際も、相談したすべての人から、

「儲からないので絶対に事業として成り立たないから、やめなさい」

と口を揃えて言われました。理由は簡単です。創業期のベンチャーにかかわるわけですから、生き残れる企業はごくわずかです。せっかく支援しても、会社が資金ショートし、潰れてしまえば、コンサルティング料は支払ってもらえなくなるのが目に見えていたからです。そうなれば、弊社自身が資金ショートを起こし潰れてしまうのです。

米国で創業してはや14年目。その間弊社は、小さいながらも毎年増収を記録し、黒字を続けています。とにかく諦めず奇跡を起こし続けてきたのです。

ベンチャー企業の経営に倒産の危機は付き物と心得よ。

自分の力だけで成功できる起業家などいない

「人脈経営」と聞いても、何のことかわからない人が多いと思います。一言で言えば、人脈を使ってさまざまな方からの助言や支援を得ながら企業経営をしていくことです。

どんなにすごい能力を持った社長でも、一人ができることというのは限られています。自分の得意な分野でなければ、「餅は餅屋」で、その分野を知っている人や得意な人に任せたほうがいいのです。苦手な人が行うより、スピーディーかつ的確で成果も出やすいのです。

会社を成長させられるかどうかは、起業家が「人脈経営」ができるかどうかにもかかっています。要するに、人的ネットワークをフル活用し組織的に経営ができるか否かなのです。

成功した起業家で、他人の力を借りず、一人で会社を大きくした人など、世界中どこを探してもいません。少なくとも私は20年以上起業家を支援してきて、そんな人に会ったことがありません。

まわりの多くの人が、リーダーとして、人間として大成するよう、その起業家のために心から助言し、支援してくれたからこそ、会社も育ったのです。これぞ「人脈経営」です。

私の知るなかで、「人脈経営」で知られた起業家に、米国大手不動産会社トラメル・クロウ・アンド・カンパニー創業者、トラメル・クロウ氏がいます。

クロウ氏はマイクロソフトのビル・ゲイツ会長とウォルマート創業者の故サム・ウォルトン氏が富豪になる前に、全米一の大富豪となり、不動産王にもなった人物です。私の顧問先でもありました。経済的に恵まれなかったため、夜間大学で会計を学び、ＣＰＡ（公認会計士）となってから立身出世した苦労人です。

クロウ氏は私に、どれだけ苦労して人脈を作りあげ、経営に活かしてきたかをよく語ってくれました。会社がまだ小さい頃から、「フォーチュン５００（米国大手企業５００社）」に選ばれる大企業の社長から大統領まで、困ったことや悩んでいることがあれば、すぐに電話したり会いに行ったりして相談していたそうです。

そのおかげで、創業時から、多くの大企業や金融機関に支援され、何度かあった倒産の危機も、友人たちに助けられてきたそうです。

あなたは、「人脈経営」してますか？

ベンチャー成長のカギは、「人脈経営」だ。

第4章

会社を急成長させるための黄金ルール

「自分と違うタイプ」を何人雇えるかが決め手

社長の大事な仕事の一つは、社員のすぐれた意見や知恵を吸い上げ、経営に取り入れることです。言い換えると、会社を伸ばすためには、「社長よりできる社員」を何人雇えるかがポイントになります。

ところが、実際に「社長よりできる社員」を見つけて雇うのは至難の業です。これは一度でも社長業をやった人であれば痛感できるはずです。それがなかなかできないからせっかく起業しても、会社が成長しないのです。

それでも、日・米・アジアで急成長するベンチャー企業をたくさん支援してきた経験から、「社長よりできる社員」を見つけ雇うための目安を、私なりに見つけました。

ズバリ、社長である自分とはまったく違うタイプで、「起業家精神」を持つ、やる気満々の人物を雇えばいいのです。

自分とタイプが違う人間とは、自分にはないものを持っているということで、ある面において確実に自分よりできる人です。社長にないものを持っていれば、社長と違う発想をし、新しい息吹や価値観を会社にもたらしてくれます。

人間ですから、すべてにおいて能力があるということはありえません。社長がある面で秀でていて、社員が違う面で社長よりでき、それを社長が認め採用していけば、会社はどんどん伸びていきます。ベンチャーとして創業しながら伸び悩んでいる会社は、起業時は新しいことに挑戦しようとしていたにもかかわらず、時間の経過とともにマンネリ化したところです。

つまり、斬新だったのは最初だけで、その後は普通の中小企業に成り下がってしまったのです。

そういう会社の共通点は、「社長よりできる社員」が一人もいないことです。社長も、「おまえら、みんなバカだ！　オレの言うことのほうがいつも正しいんだから、従え！」と、悪い意味でだんだんとワンマンになってしまうのです。

「社長よりできる社員」を何人もかかえている代表的な会社に、ブックオフコーポレーションがあります。坂本社長がしみじみ語っていました。

「浜口さん、うちは私よりできる社員たちで、持っているんですよ」

器が大きい社長だから言えることです。

社員のすぐれた意見や知恵を吸い上げ、経営に取り入れよう。

56 GOLDEN RULE

「動物園のような会社」を創ろう

多くの社員を雇っている大企業ならいざ知らず、小さなベンチャー企業が「動物園のような会社」になれたら最強だと思っています。日・米・アジアで、20年以上にわたって成功したベンチャー企業を見てきて、そう痛感するのです。

動物園を想像してみて下さい。そこには、図体は大きいが動きがのろい象、絶えず獲物を狙うライオン、ボーッとしていてちょこちょこ歩くペンギン、外見がきれいでおっとりしている白鳥等々……。本当に千差万別の生き物が同居しています。

それぞれ特徴がありますが、そこにいる理由は一つです。はるばる見に来てくれたお客様、それも赤ちゃんから老人からまでを楽しませることです。

会社も、いろいろなバックグランドを持つ人々、さまざまな特技や弱点を持った人間の集まりでいいのです。老若男女、国籍、学歴などは一切関係ありません。

ただ、大事なことは、どんなことがあってもお客様のニーズに応えようとする誠実さです。

まさに「顧客第一」です。

会社によっては、有名大学卒ばかり揃えたり、男性だけだったり、ベテランあるいは若手だけ集めたりというところがあります。能力があり志が一致して、たまたまそうなったのならいいのですが、社会同様、会社も自然体、つまり、会社は社会の縮図であるべきです。

社会のニーズに応えるために会社が存在するのに、社会とかけ離れた人間の集まりであったら、どうやって社会が必要とすることに応えていくのでしょうか。

若手は、後先考えずにチャンスがあれば新しいことにどんどん挑戦し、年輩者は人生経験豊富で、残された人生が少ないため、ついつい守りに回ってしまいます。それでいいのです。

お互いの良さを出し合い、それを活かすのがベンチャー経営です。

会社、とくにベンチャーは、**数少ないメンバーがお互いの良さを最大限に認め、それを出し合った時、個性的社員を評価しない大企業に勝てるのです。**

ですから、お客様を大事にする、責任感と協調性のある人なら、癖があっても多少常識外れでも、どんどん採用・抜擢しましょう！

ベンチャーでは、個性的な社員こそが戦略となる。

起業家は「クレイジー」なくらいでちょうどいい

サム・ウォルトン（ウォルマート）、マイケル・デル（デル・コンピュータ）、ノーマン・ブリンカー（ブリンカー・インターナショナル）、テッド・ターナー（前CNN）、ハーブ・ケレハー（サウスウエスト航空）、メアリー・ケイ・アッシュ（メアリー・ケイ）、松下幸之助（松下電器産業）、盛田昭夫（ソニー）、伊藤雅俊（前イトーヨーカ堂）、渡邉美樹（ワタミ）、坂本孝（ブックオフコーポレーション）、池森賢二（ファンケル）、千本倖生（イー・アクセス）、南部靖之（パソナ）、宋文洲（ソフトブレーン）等々……。

「起業家はいい意味でクレイジーでなければならない」

お会いしてきた、これら起業家の言動を垣間見るたびに、浮かぶ言葉です。「ベンチャー経営＝奇跡を起こす経営」ですから、起業家は、ある意味でクレイジーでないと務まらないでしょう。

また、私が言う「クレイジー」とは「普通の人と気（持ち）が違う」つまり「命懸け」という意味でもあります。そもそも、修羅場を何度もくぐり、苦労の連続となるベンチャー経営です。普通の気持ちや考えでやっていたら務まりません。

そのビジネスが、寝食忘れてできるくらい、好きで好きでたまらないとか、世のため人のために命懸けで人生すべて投げ打ってやるくらいの決意がないとできません。

これを普通の人から見て、「クレイジー」と言わずしてなんと言うのでしょう？

逆にそれだけの思いがあれば、何度も何度も失敗・挫折しても、必ず乗り越え成功できるでしょう。

最初に紹介した起業家の方々は、それを実践し大成功を収めたのです。

拙著『あたりまえだけどなかなかできない仕事のルール』（明日香出版社刊）で、カーネル・サンダースの起業家としての「クレイジー」ぶりを紹介しました。

彼は、度重なる事業の失敗をものともせず、65歳で世界初のフランチャイズ・ビジネスとなるフライド・チキン屋を始めました。それを遂に世界最大級のファーストフード・レストラン「ケンタッキー・フライド・チキン」（KFC）へと成長させ、大成功させたのです。

いい意味での「クレイジー」になることが、ベンチャー経営において必須なのです。

オマケの黄金ルール

周囲から「クレイジー」と思われるくらい徹底すれば、起業は成功する。

社長は頭だけ使っていればいい

「社長が頭を使わなくなったら、会社は伸びませんね……」

ベストセラー作家にして根っからの起業家でもある、浅井隆氏がぽろりともらした言葉です。第二海援隊という出版社を経営するかたわらで、投資会社、シンクタンクなど、さまざまな事業を手がけている浅井氏の言葉だけに、説得力がありました。

「社長が頭を使う」など、あたりまえのことなのですが、意外にほとんどの経営者が忘れていて、実践していないことです。

そんな私も、社員といっしょに汗水垂らして働いていればいいような気になってしまうのです。

確かに、社員はそれほど頭を使わなくても、やるべきことを一生懸命やっていれば許されます。

しかし、社長は、頭を使い知恵を出して業績をよくしなければ失格です。

なぜなら、社長の仕事は、量より質、さらには結果がすべてですから。社長は、将来を見越しながら、目の前のことも効率的・効果的に即決し処理しなければなりません。

とくに、ベンチャー企業の社長は、頭を使わなければ会社の急成長などありえません。

普通の中小企業に成り下がるか、他社との競争に勝てなくなり、自滅していくことになるでしょう。

伸び悩んでいるベンチャー企業は、例外なく社長が頭を使っていないのです。

冒頭に紹介した浅井社長は、大変なハードワーカーですが、時間対効果をとても重んじる起業家です。絶えず頭を使い、画期的なアイデアや戦略を考え出す、模範的な戦略的起業家です。彼の会社では、社長自らが頭を使い、タイムリーかつ的確な指示を出すため、通常数人のスタッフでは到底できないような事業を、効果的かつスピーディーに展開できているのです。

もし、会社を急成長させたければ、社長は徹底的に頭を使い、知恵を出さなければなりません。いかにして、お金・人・時間をかけないで稼ぐかを考え、アイデアや戦略を立案し実践できなければならないのです。

それがベンチャーの社長たるゆえんです。逆に言うと、ベンチャーの社長は、いかに効率よくビジネスを成功させるかを考えるべきなのです。

そのために、頭を徹底的に使い知恵を出せるかが勝負です。

ダメな会社は、社長が社員と同じことをしている。

59

GOLDEN RULE

すべてはＣＯＯ次第

ＣＥＯ（最高経営責任者）、即ち社長であるあなたが頑張るのはあたりまえです。頑張るのを前提に起業したのですから。どんなベンチャー企業でも社長は頑張ります。

ベンチャーが伸びるかどうかのカギを握る一つのファクターが、ＣＯＯ（最高執行責任者）の存在です。ＣＯＯとは、日本の会社でのわかりやすい役職に直すと、参謀とか番頭とかになります。社長が出したビジョンや方針を実際に実行に移す人です。

実はこのことに気づいたのは、弊社にＣＯＯが来てからでした。

それまで、社長である私一人が社内で理解者も得られず、孤軍奮闘していました。ところがある日突然、弊社に「超」高収益企業である株主から、番頭となるＣＯＯが送り込まれてきました。それからです、私が経営者として楽になったのは。

ＣＯＯが来てくれたおかげで、本来社長としてなすべき仕事ができるようになりました。どれほどまでにＣＯＯが大事であるか、思い知った次第です。弊社だけのことなのか知りたくて、第二次世界大戦後に急成長したベンチャー企業を調べてみました。

アップル・コンピュータ、ウォルマート、ＥＤＳ、マイクロソフト、サウスウエスト航空、松下電器産業、本田技研、ソニー、オムロン、京セラ、ソフトバンク、ワタミ、楽天、イー・アクセス、サイバーエージェント等々……。

急成長したベンチャー企業には、例外なく有能なＣＯＯがいました。

なぜ、会社が急成長するためには、ＣＯＯが必要なのでしょう？　ＣＥＯ（最高経営責任者）、即ち社長をやった人ならみな、ＣＯＯの存在がどれだけ助かり、ありがたいかが、感覚的にわかるはずです。

よく「社長は孤独だ」と言われますが、その通りで、通常経営のことは誰にも相談できないのです。

給料を出す側の社長と給料を受け取る側の社員は、立場上どうしても理解し合うことが難しいのです。場合によっては、対立します。しかし、ＣＯＯは雇われているものの、経営陣の一員でもあります。ですから、社長と社員の両方の気持ちがわかり、橋渡し的な存在になりえます。

社長もＣＯＯを信頼して指示を出せますし、社員も仲間であるＣＯＯの言うことなら、素直に聞けるのです。

社長と社員の橋渡し役になれるＣＯＯがいる会社は強い。

60

GOLDEN RULE

大企業の信用と実績を図々しく借りてしまおう

ベンチャー企業は、大企業のように普通に経営していたのでは、急成長は望めません。相撲に例えれば、小兵力士が大横綱に挑むように、戦略的にいろいろと仕掛けなければなりません。

その一つに、**大企業と組むことがあげられます**。**これは一般に、ベンチャーの「戦略的パートナーシップ」と呼ばれます**。企業同士がお互いの強みを活かし、相乗効果を引き出すことを目的に、長期的に組む試みです。日米それぞれの、成功例を紹介しましょう。

米国で有名なのが、マイクロソフトとＩＢＭが組んだことです。巨人ＩＢＭが、当時としてはまだ無名で小さかったマイクロソフトと組んだことは、画期的なニュースでした。

その時点で、ＩＢＭはコンピュータ・ソフトウェアの開発に出遅れていました。他社との競争に勝つため、自社で開発するより、ベンチャーとはいえ、すぐれたオペレーション・システム（ＯＳ）をすでに持っていたマイクロソフトと「戦略的パートナーシップ」を組みました。

ＩＢＭは、業務提携してＯＳを使わせてもらったほうが、メインのコンピュータ分野で戦いやすくなると判断したのです。

マイクロソフトにとっても、天下のＩＢＭにＯＳを使ってもらえれば、一気に認知され、世界的に広めることができる、と考えました。マイクロソフトが今日あるのは、早い段階でＩＢＭと「戦略的パートナーシップ」を結べたからだ、と米国の専門家たちは言っています。

日本における「戦略的パートナーシップ」の代表的な成功例は、外食事業を展開するワタミが、小麦粉などを製造販売する日本製粉と、草創期に組んだことです。

これによって、ワタミは、当時喉から手が出るほどほしかった信用、資金、人材、経営支援を得られたのです。日本製粉にしてみれば、ワタミの業績が伸びれば伸びるほど、自社商品が売れるわけで、かなり積極的にワタミを支援したのです。

「戦略的パートナーシップ」を構築することは、ベンチャーにとって企業活動の自由度が、ある部分失われるマイナス面もありますが、急成長を目指すための大きな武器なのです。

オマケの黄金ルール

大企業との「戦略的パートナーシップ」が急成長を可能にする。

小手先あるいは不明瞭な「資本政策」は禍根を残す

株式を新しく発行することは、ベンチャー企業が資金調達する有力な方法の一つです。

ただ、これを実践するには、「株主資本（資本金など）をどう増やしていくのか？」「株主を誰にするのか？」「どのタイミングで株式を発行するのか？」「どのような株価にしていくのか？」などさまざまな戦略が必要になります。

この総合的な財務戦略こそが、「資本政策」なのです。

資金調達において、「資本政策」は大事な役目を果たします。業績が悪くても、「資本政策」が魅力的であれば、通常得られない出資を受けられることもあります。

投資家からすると、事業と「資本政策」が魅力的なら、高いリスクでも出資したくなるからです。つまり、賭けてもいいほどの大きな利益が、将来期待されるのです。

「資本政策」を作成・実施するうえで、一番大事なことは、誰に対しても公正であること、そしてできるだけシンプルにすることです。

上場を目指すあるベンチャー企業が、増資に際して、前回の増資時よりも半分以下の安い価格で、親しい友人のみに新株を発行しました。業績が悪くなったのならいざ知らず、その間、大型受注も決まり、単月で黒字化するなど、価格を下げる理由がまったくなかったのに、です。

後にこれが大問題となりました。

このベンチャーは後日、急成長による上場のため、各証券会社に「主幹事引受け」の要請を打診しました。しかし、資本政策を見て、全社が断ってきたのです。

「そんな非常識な『資本政策』を実施した会社は信用できない！」

との理由からです。

逆に、業績が悪いのにもかかわらず、「資本政策」において、さまざまなテクニックを連発する企業も信用されません。

たとえば、株式分割、株式併合、ストックオプション、株価急増などをよく行う会社がありますが、業績さえよくしていけば、このようなテクニックを頻繁に使う必要はありません。ただ、単に業績に応じて株価を上げさえすればいいのです。

繰り返しますが、すぐれた「資本政策」とは、業績と連動した公正かつシンプルなものなのです。

資本政策を見れば、会社の将来性がわかる。

できない社員こそドンドン活躍させる

20年以上の経営コンサルティング経験を通じて、どんな会社や組織でも「2対6対2の法則」が存在することに気がつきました。

「2対6対2の法則」とは、できる社員が2割、普通の社員、すなわちできるわけでもなくできなくもない社員が6割、できない社員が2割という割合を表したものです。好むと好まざるとにかかわらず、どこの会社や組織でも、この「2対6対2」の比率が歴然と存在しています。

できる社員は、通常だと全社員やスタッフの2割程度しかいませんが、彼らだけで会社や組織全体の8割以上の成果を上げています。「2対6対2」を文字通りに受け取ると、できない社員の存在は、「給料泥棒」と言われるくらい、組織にとってお荷物になっています。年齢が高くなると、「窓際族」と言われるようになります。

それでは、できない社員をどうしたらいいのでしょう？　クビにすべきでしょうか？

ただ、できないからといってクビにしたとしても、すぐにまたできない社員が、全社員の2割になってしまうから不思議です。だから、難しいのです。

「2対6対2の法則」をもとに、全社員を戦力化しよう。

ベンチャー企業で成長しているところは、できない社員にも活躍の場を用意しています。できない社員にできないことをさせるのではなく、得意なことをやらせるか、得意なことが見つからなければ、単純作業をやらせるのです。

そもそも、どの企業も2割ができない社員ですから、この2割を最大に活用しなければ大きな損失です。そうでなければ、社員ではなく、アルバイトを雇えばいいのです。

社員ができないことが問題ではなく、それに見合わない給料を会社が払っていることが問題なのです。ですから、米国ではあたりまえですが、仕事のレベルに合わせた給与体系にすべきです。

私が米国で起業した際は、長年いっしょに仕事をしていた人ばかりを雇いましたので、最初から、できる人、普通の人、できない人に分け、それに見合う仕事と報酬制度を設けました。

意外だったのは、できないはずの人が、稼ぎたい一心で、できない中でもどんどん成果をあげたのです。社員のモチベーションは報酬が高いから上がるわけではないことを証明する、典型的な例と言えるでしょう。

キャッシュ！　キャッシュ!!　キャッシュ!!!

会社が急成長する時、ほとんどの起業家が勘違いしてしまうことがあります。

売上を増やすことばかりに関心がいって、利益率アップの努力をおろそかにしてしまうことです。あるいは、名目上の利益にとらわれ、もっと大事な「キャッシュフローの向上」を忘れてしまうのです。

言うまでもなく、企業経営で最も大事なことは、「売上増より利益率アップ、利益率アップよりキャッシュフロー向上」なのです。

これが実践できれば、倒産することはまずありません。**会社が潰れる最大の理由は、極端な売上至上主義や利益至上主義に走ることです**。

その観点から見て、私が経営者と会社の内情をよく知るなかで、少なくとも現時点までは理想的な経営をしているベンチャー企業が5社あります。

いずれも、すぐれた起業家のリーダーシップのもと、創業以来急成長し、すでに上場した会社です。具体名を挙げておきましょう。

ブロードバンド関連ビジネスのイー・アクセス株式会社（千本倖生代表取締役会長）、お茶を中心としたドリンク・ビジネスを展開する株式会社伊藤園（本庄八郎代表取締役社長）、子供を対象にアミューズメント施設を全国展開する株式会社イオンファンタジー（辻善則代表取締役会長）、インターネットで人材紹介業を行うエン・ジャパン株式会社（越智通勝代表取締役社長）、半導体関連製品の商社を営むザインエレクトロニクス株式会社（飯塚哲哉代表取締役社長）。

これら企業の経営者は、創業時より利益率のアップとキャッシュフローの向上を重視・徹底して貫いてきました。また、本業に徹し、本業につながらないことには一切手を出しませんでした。

つまり、会社のすべての経営資源を本業に注ぎ込んできたのです。その分野において、プロ中のプロになることにどこまでもこだわったのです。その結果、超優良企業となり、上場後もさらに伸び続けています。

キャッシュフローを最も重視する経営は長期的にも重要となります。どんなに旬なビジネスもいずれは行き詰まります。いつか商売替えしなければならない時がやってきます。

その時、十分なキャッシュがあれば、すぐに新しいビジネスに挑戦できるのです。

極端な売上（もしくは利益）至上主義に陥った会社は滅びる。

「必死」に働かせたら、社員は「必ず死ぬ」

弊社の相談役であるソフトブレーン株式会社の宋文洲会長が、あるセミナーでこう言いました。

「『必死』に働かせたら、社員はみんな、死んじゃいますよ！　だって、『必死』って、『必ず死ぬ』と書くじゃないですか～」（爆笑）

宋さんらしいジョークですが、けっこう本質をついています。

高度経済成長期やバブル経済期には、多くの企業で、トップが「根性論」（根性で寝食忘れて頑張れば成果は必ず出るというようなこと）を説いて、社員を深夜残業や土日出勤もあたりまえのように働かせていました。

当時は、右肩上がりの経済でしたので、確かにやればやるほど売れて会社も成長した時代でした。

しかし、今は違います。いくら時間をかけて一生懸命やっても効率やセンスが悪ければ成果が出ない経営環境です。別の言葉で表現すれば、時間対効果、費用対効果、ビジネスセンスが絶えず問われる時代なのです。

ですから、会社が伸びていくためには、「必死」に働くより、知恵を絞って効果的に仕事をするよう、トップは絶えず社員を激励すべきです。

ひと昔前のように、頭を使わず「必死」に働き続ければ、成果も出ず、社員はいつか燃えつきてしまうでしょう。

好きなこと、得意なこと、やりがいを感じることを社員一人ひとりができるよう配慮するべきです。そうすれば、多少厳しくても社員は集中して仕事をします。ですから、効率もよくなり、時間内に成果が出せるようになるのです。

宋さんによると、毎年決算期前になると毎日深夜まで経理部全員が残業していた会社でも、午後8時には帰社する命令を出したところ、日中工夫して効率よく仕事を進め、全社員1日もそれを破ることなく、無事決算を終えたそうです。

もちろん、巨額の残業手当を削減できたことは、言うまでもありません。

大切なのは、効率よく集中して仕事をする企業文化を作ることです。とくに、ベンチャー企業の場合は、それができるかどうかで、成長し続けられるかどうかが決まります。

1年ぐらいの短期決戦ならいざ知らず、企業経営は永遠に続くことが前提ですから。

オマケの黄金ルール

ベンチャー特有の時間（費用）対効果を重視する企業文化を創ろう。

最終的に社長はいらなくなる

その会社が急成長できるか否かを知るのは、実は簡単です。

社長がいなくても、会社がまわるかどうかをみればいいのです。要は、ワンマンではなく、組織的かつシステマティックな経営体制が整っているかどうかなのです。そこがクリアされていれば、社長が常にいなくても会社は回り、成長することは間違いないのです。

あなたがいくら優秀な社長だとしても、一人でできることは限られています。通常、1対多数では、多数が強いに決まっています。

ただ、大事なのは団結力です。人数だけ大勢いても、団結していなければバラバラですから、みんなの力も結集できず、威力を発揮できません。烏合の衆と同じです。

私は、「起業とは戦いと同じ」と思っています。「市場競争に勝つ」という一つの目的を達成するために、組織全員で力を合わせなければなりません。それぞれが経験や強みを活かし役割分担して、勝つために戦力になっていかなければならないのです。

格好のお手本がいます。私にとって兄貴分のような先輩起業家である、ゼネラルエンジニアリング株式会社（GE）の河合光政社長です。

河合社長は、30年前に技術者の派遣業で起業し、増収・高利益率を毎年続け、GEを「超」優良企業に育てた実力派起業家です。上場しようと思えば、いい株価でいつでもできるのですが、上場しようとしません。資金調達の必要がないからです。

このGEが、まさに、「社長がいなくてもまわる会社」の代表なのです。不思議なのは、河合社長はワンマンですが、彼がいなくても会社はまわるのです。組織的かつシステマティックに経営しているからです。意思決定はすべて河合社長が行っているのですが、その前に徹底してまわりの人のアドバイスをよく聞き、利点と不利な点をしっかり把握したうえで物事を決めていくのです。

河合社長が決める時は、考える要素が揃っているため、どの選択肢が正しいか誰の目にもわかります。彼は私心を入れず、客観的な正しい意思決定ができます。ワンマンなようですが、実は多数決かつ論理的に決めるため、組織的に意思決定するのとなんら変わりがないのです。

彼は「自信オーラ」をいつも放っています。それは、みんなの知恵を集めて判断しているところからくる余裕なのでしょう。

みんなの意見を集めてから意思決定をしよう。

営業や商品開発部門では「ぶっ飛び社員」を採用する

真面目な起業家ほど、当たりさわりのない真面目な社員を雇いたがります。中小企業なら、それでもいいかも知れません。とくに、経理や総務などの管理部門では、言われたことを正確に淡々とこなすことが大切ですから、社員は真面目な人に限ります。

しかし、ベンチャーは急成長しなければならない宿命があります。チマチマコツコツやる真面目な社員だけでは通用しません。とくに、営業や商品開発の部門では、癖があっても、とことん徹底してやり抜くプロフェッショナル・タイプが必要です。

ベンチャー企業の新商品を売るとなると、商品が既存のものより「圧倒的に」いいことはあたりまえですが、営業する人の魅力はもっと大事です。

というのは、**ベンチャー企業の商品は、通常新しいものですので、受け入れてもらうのが大変です**。そのためには、まず営業担当者が営業先に好かれなければなりません。ただ真面目にやっていたのでは、まず成果は出ません。私は米国で大手国際会計・経営コンサルティング会社に勤めていた頃、営業が得意中の得意でしたので、外国人としては異例のスピード出世をしました。

しかし、それは私の力ではありませんでした。直属の上司だったアメリカ人、ビル・ヒビットさんが引き上げてくれたおかげでした。

彼は「超」大胆で、会社から見て異端児ではありましたが、こと営業となると成果は抜群でした。社内の誰が行ってもとれない契約も、彼が行けば一発で成約してくるのです。彼はどんどん営業成果をあげました。

ヒビットさんの営業の秘訣は、人間的な魅力にありました。彼が行って話せば、相手はすぐに心を許し本音で語り始めるから不思議です。

聞くところによると、彼は、入社時、「ぶっ飛び社員」で、とにかく変わっていたそうです。ただの変わり者としてしか見られていなかった彼は次第に頭角を現し、斬新な発想でどんどん成果を出していきました。

営業と同じように、商品開発部門も真面目なだけでは務まりません。独特の嗅覚とセンスが必要です。みながあっと驚くようなものを開発できる、発想力にすぐれていなければなりません。だからこそ、徹底して成果が出せる「ぶっ飛び社員」が必要なのです。

個性ある社員が力を発揮できる土壌を育もう。

大型の資金調達では日本のスポンサーを頼りにするな

会社を急成長させるために大型資金が必要なら、外資系ベンチャーキャピタル（ＶＣ）や外資系投資会社から集めることをお薦めします。なお、ここでいう大型資金というのは、５億円以上のことを指しています。

実情を説明しますと、ベンチャー投資を専門とする日本のＶＣや投資会社のほとんどは、まだまだそれだけの大型投資はできない状況にあります。**したがって、大型出資を期待して、日本のＶＣや投資会社と交渉するのは時間の無駄なのです。**

私は、これまで多くの起業家の資金調達をお手伝いしてきましたが、大型資金を日本のスポンサーから調達するのは至難の業でした。

私が尊敬する、イー・アクセス株式会社代表取締役会長の千本倖生氏は、外資から上手に資金を調達した経営者の一人です。

千本会長は、京都大学工学部電子工学科卒で、日本電信電話公社（現ＮＴＴ）に在籍していましたが、１９８３年に、京セラ創業者の稲盛和夫氏と第二電電（現ＫＤＤＩ）を共同創業しました。

「3年で売上30億円以上、経常利益率10％以上」の事業計画を作ろう。

第4章　会社を急成長させるための黄金ルール

同社を12年間で社員数5000人、売上高5000億円（当時）を超える上場企業へと急成長させた、日本でも数少ない大型起業家です。

千本氏はその後、慶応大学経営大学院の教授として、本格的な起業家教育をしていました。しかし、根っからの起業家である千本氏は、まわりの強い要請もあり、1999年11月にブロードバンド事業でイー・アクセスを創業しました。

その際、会社設立からわずか4か月で、ゴールドマン・サックスやモルガン・スタンレーを中心に外資系投資会社から45億円を集めたのです。

さらに、追加出資を外資から得て、2003年11月に東証マザーズに、04年11月に東証一部に上場。創業してからたった5年で売上500億円にまで同社を育てたのです。

千本会長のような実績のある起業家でさえ、急成長に必要な大型資金を日本企業から集めるのは、困難だったようです。

そこで、彼は外資にアプローチをかけ、資金調達を見事に成功させたのです（119、177ページ参照）。

若手・女性・シニア・外国人を戦力化する

高度経済成長期やバブル経済期を振り返ると、ビジネスシーンの中心にはいつも男性がいました。とくに、ミドル層がその旗振り役として活躍してきた印象があります。

当時、若手・女性・シニア・外国人を重視し積極的に活用する会社は、あまり多くはありませんでした。しかし、経営やビジネスにおける成功のルールは、大きく変わりました。

若手のバイタリティーと変化への順応性、女性のきめの細かさとすぐれた感性、シニアの豊富な人生経験と守備範囲の広さ、外国人の大胆さと合理性とスピーディーさ等々、それぞれの良さを上手に引き出している会社が、ドンドン成長しています。

最近伸びている日本の会社は、明らかに若手・女性・シニア・外国人をうまく取り入れ、適所に配置しています。その代表的なベンチャー企業が、楽天、イオンファンタジー、サイバーエージェント、イー・アクセス、USEN、ソフトバンク、新生銀行、東京スター銀行、ソフトブレーン、ワタミなどです。

ベンチャー企業は人数が少ないぶん、社員一人ひとりが大事な戦力です。大企業と違って、一人たりとも遊ばせておいたり、できないままに放置しておくわけにはいきません。

その点、欧米のベンチャー企業は社員の戦力化を徹底しています。ですから、日本のベンチャーより短期で急成長する企業が圧倒的に多いのです。

会社が急成長するには、同業他社より抜きん出ている「何か」が必要です。もちろん、ビジネスのコアであるサービス・商品・システム・技術における優位性がないと話になりません。

しかし、その優位性を作り出すために斬新なアイデアを考え出し、具現化するのは、ほかならぬ社員です。

とくに、ニーズが多様化している最近の市場を考えると、過去の企業経営で重視されてこなかった若手・女性・シニア・外国人を積極的に戦力化していかなければなりません。

ただ、若手・女性・シニア・外国人なら、誰でもいいというわけではありません。戦力として選ぶ際に、最も気をつけるべきポイントは、素直かつ誠実であること、勉強家であること、そして、下手でもいいから対話を大切にすることです。

これらは、ベンチャー企業で社員としてうまくやっていくための必要条件でもあります。

個性は大切だが、素直・誠実・勉強熱心でない人は雇わない。

69 GOLDEN RULE 四半期か半年ごとに社員全員を対象に個人面談を実施する

米国で勤めていた頃、四半期ごとに上司が私たち部下の職務能力評価や目標管理のために面談をしていました。

当時は時間と手間ばかりかかって、あまり意味があるように思えませんでした。

四半期ごとに行うため、始まった頃は一生懸命やっていましたが、回を重ねるごとにだんだんとマンネリ化し、義務感から事務的・機械的に行っていた気がします。

そのうえ、上司も部下である私もお互い「超」多忙でしたので、四半期とはいえ、面談そのもののみならず、その準備とフォローアップに費やす時間を捻出するのは、容易なことではありませんでした。

この個人面談が、どれほど上司と部下双方の円滑な意思疎通、あるいは会社や上司に対する部下からの期待・要望を伝える機会として役立っていたのか、当時は気がつかなかったのです。

その後、起業して社員を雇い、またベンチャー企業へのコンサルティングを始めて、その定期的な面談が、部下・上司・会社の成長のため、どれほど大事かが、身に染みてわかりました。

会社とは、考え方・価値観・能力・育ってきた環境・生き様などのバックボーンがまったく違う人間の集まりです。不安・悩み・苦しみ・不信感・不満等で仕事に打ち込めない人がたった一人でもいれば、その組織は団結力に欠け、会社全体にも悪影響を及ぼします。

人間の身体同様、問題を抱えている社員は「がん細胞」と同じです。いずれ他の細胞、つまり他の社員に移り、他の組織にも転移して会社全体に広がるのです。

大企業でも侮れないくらい影響を受けます。まして、小さなベンチャー企業の場合、会社の成長を妨げるくらいの打撃を受けます。経営陣は心してこの社員との面談を重視し、真剣に実践すべきです。これができないと、一時的に成長できたとしても、その成長は長続きしません。

米国にいた頃、上場を目指しながらも成長が止まったあるITベンチャーを支援していました。ビジネスモデルも経営陣もすぐれてはいましたが、忙し過ぎて定期的な上司・部下間の面談が一切なされていませんでした。

さっそく個人面談を始めたら、3か月後から急成長が再開し、1年後には上場できました。

急成長の原動力は、社員との定期的な面談にある。

70 GOLDEN RULE

急成長できない時は早急な経営者交替か商売替えを決断する

私のなかでは、中小企業とベンチャー企業には、明確な違いがあります。

中小企業とはその名の通り、企業規模が中小で将来的にあまり成長が望めない会社です。

一方、ベンチャー企業は、新しい技術・商品・システム・サービスのいずれかで新しい市場を創り出すために存在します。そして、急成長させるために、資金や認知が必要なことから、上場を目指す企業が多いのです。

ですから、ベンチャー企業である証は、急成長できることです。それでは、ベンチャーとして起業したのに、急成長できない場合は、どうしたらいいのでしょうか。

急成長できない理由は主に二つあると思います。一つは、ビジネスモデルが間違っていることです。もう一つは、ビジネスモデルは正しいのですが、そもそもなすべきことがなされていないことです。

まずは、ビジネスモデルが正しいかどうかを検証するべきです。もし、間違っていることがわかれば、すぐに修正、もしくは進化させなければなりません。

ビジネスモデルが正しい場合、今度は、なすべきことがなされているかどうかの確認作業が必要になります。なされていなければ、できるようにしなければならないのですが、通常、そうなるのは、経営陣に問題があります。急成長ができなくなることがわかる前に手を打つべきで、それをしなかったのは、経営陣の判断・執行ミスだからです。

急成長するためになすべきことがなされていた場合は、大問題です。と言うのは、そもそも急成長できるだけの市場がないことを意味するからです。

その場合は、その事業自体が時期尚早なのか、もともと成長しない市場を狙っているか、なのです。であれば、すぐにビジネスモデルとターゲット市場も変えなければなりません。その極端なケースが商売替えです。

急成長できない商売ならば、できるだけ早くその商売そのものを変える勇気を持つべきです。そうでないと、無駄な時間・お金・労力を使い過ぎ、会社までおかしくなります。

いずれにしても、市場はあるのに、会社が急成長できないのは、経営者にビジネスセンスや人徳がないからです。つまるところは、経営者を代えたほうがいいケースも多いのです。

そもそも急成長できない事業はベンチャーではない。

71

GOLDEN RULE

数字を追うより、心の声を聞け

会社の急成長のカギになるのは、社員と顧客です。

まず、社員がハッピーで仕事が楽しくなければ、それがお客様にも伝わり、喜んでもらうことはできません。社員が会社の方針、社長のリーダーシップ、上司の人格に納得できなければ、その不満は必ず会社内外に出ます。

ですから、経営陣は徹底して社員の話を聞き、相談に乗るべきです。それも頻繁にです。

大事なことは、社員の顔色や言動に絶えず注意を払い、いつもと違っていたり、会社や上司に不満や不信感らしきものを感じたら、忙しくても必ず時間を作ってすぐに相談に乗ることです。手遅れになる前に。

「企業は人なり」と言われますが、ベンチャー企業にとって、数が少ないぶん、社員は非常に大事になってきます。人間ですから、毎日心はコロコロ変わります。ですので、気がついたら、どんどん相談に乗ってあげるべきです。そして、仕事に全力で打ち込めないことがあったら、それを取り除いてあげる努力をしなければなりません。それが、上司や経営陣の役目です。

そのために、ノミュニケーション、つまり食事や飲みに誘って、ゆったりとした、なんでも話してもらえる環境と時間作りをしましょう。それを実行することで、社員がどれだけ勇気づき、頑張る気になることか。

社員が言ってくれる提案・意見・感想は、会社を成長させるために必要かつ貴重な情報なのです。これは、お客様に対してもまったく同じです。

提供している技術・商品・システム・サービス等が、十分満足していただけているのかどうか、時間が許す限り、お客様から徹底してヒアリングをすべきです。

もし、問題点やクレームがあれば、会社をよくする最大のチャンスなので、謙虚に受け止め、謝罪しすぐに解決させるようにしましょう。

デル・コンピュータのマイケル・デル会長、イー・アクセスの千本倖生会長、エン・ジャパンの越智通勝社長、ワタミの渡邉美樹社長は、この点見事です。

4人の共通点は、**徹底して社員や顧客の話を聞いて相談に乗り、スピーディーに対応していることです**。そこに、彼らの会社が急成長し続けてきた秘訣が隠されているのです。

提案・意見・問題点指摘などのクレームは、大きな財産である。

GOLDEN RULE 72

「アッと驚く」くらいのブランド戦略で急成長の軌道を描く

業績がある程度軌道に乗ってきた場合、上場を目指すベンチャーが次にやるべきことは、急成長のための戦略作りです。

そのカギになるのは、マーケティングなのです。

会社立ち上げの頃は、組織もシステムもなく、人材もいませんから、選択の余地なく、質よりも量や根性で勝負するしかありません。つまり、素人による人海戦術です。しかし、会社が軌道に乗り、だんだん基盤ができ始めたら、次に飛躍するためには、マーケティングは欠かせないのです。

そもそも、マーケティングとは、売れる仕組み作りです。言い換えますと、「限られた経営資源、要するにヒト、モノ、カネ、情報などを駆使し、より効率的・効果的な販売（営業活動）をするための活動」なのです。いくらベンチャーと言えども、いつまでも人海戦術を続けていたら、急成長は望めません。その秘密兵器が、マーケティング戦略、さらにはブランド戦略です。

急成長できたベンチャー企業は、弱小の時から、お金をかけずに次のようなブランド戦略を実践しています。

(1)一貫したイメージを保った広報を継続的に行う
(2)ブランドと商品・サービスとの整合性をとる
(3)シンプルでわかりやすくする
(4)安心感・満足感を与える

マイクロソフト、デル・コンピュータ、スターバックス、アマゾン・ドット・コム、グーグル、ヤフー、楽天、エン・ジャパン、ユニクロ、サイバーエージェントなどは、マーケティング戦略とブランド戦略でともに大成功したベンチャーの代表格です。

もちろん、事業面でも伸びていましたが、マーケティング戦略やブランド戦略は急成長に拍車をかけたのです。資金がない分、それまでにはない斬新なマーケティングをし、新鮮なブランドイメージを構築したのです。

これらは、お金をかけてもできるものではないベンチャー特有の武器で、強みになります。ベンチャー企業は、お金をかけないマーケティング戦略、とくにブランド戦略を大いに導入すべきでしょう。

ベンチャーは、お金をかけないマーケティングで勝負する。

第5章

会社を上場させるための黄金ルール

まず「ショート・レビュー」を受けよう

会社を上場させることを決めたら、監査法人に対して、自社の「ショート・レビュー」を依頼することをお勧めします。

「ショート・レビュー」とは、日本語では「短期調査」と言われ、監査法人が上場する会社の経営・組織体制をチェックし、あるべき姿を示すと同時に、問題・不足点を指摘する調査のことです。3日間程度の短期間で行われるのが通例です。

「ショート・レビュー」を実施することで、自社の経営・内部管理体制上の問題点が明確になり、どうしたら上場できるのかもはっきりします。管理体制の強化には非常に有効な方法です。

もともと「ショート・レビュー」は投資家が監査法人に依頼していたものです。投資家が企業に投資するにあたって、正確かつタイムリーな情報を得る目的で、内部管理体制の信頼度をはかるために利用していました。

投資を受ける企業側としても、人間でいうところの「健康診断」のようなものですから、自社の弱点や問題点がわかり、経営上とても有益なチェックツールになっています。

「ショート・レビュー」を受けると、いつ頃上場可能で、いつ頃から本格的な上場準備を始めなければならないか、監査法人の担当者が教えてくれます。

「ショート・レビュー」によって、社長を含め社内で不正やミスを犯している人・部署・システムがあれば、明らかになる可能性大です。ですから、長年ワンマンで個人と会社間で非常識な取引や不正に関与してきた社長や経営陣は、「ショート・レビュー」を嫌がります。

もし、社長や社内の人間が、「ショート・レビュー」の実行を嫌がれば、何か知られたくないことがあるのでは、と疑ってかかるべきでしょう。

費用面を理由に、「ショート・レビュー」を拒否する社長や役員がいたら、「10万円で『ショート・レビュー』をしてくれる大手監査法人もある」ことを知らせましょう。実際、ショート・レビューを10万円で3日以内に終わらせる監査法人もあります。

私の経験から言うと、上場を目指しているのに、「ショート・レビュー」を受けたがらない会社には、何か裏があります。外部に出せない何かがあるに違いありません。そんな会社に投資をしてはいけません。伸びる会社は、「ショート・レビュー」を喜んで受けます。

「ショート・レビュー」で明らかになった問題点は早急に解決する。

GOLDEN RULE 74

監査法人は「起業家精神」の有無で見極めよう

上場準備を進めるうえで意外に重視されていないのが、監査法人の選定です。

知り合いからの紹介でといった人的な要因から選んだり、選んだあとも事務的な付き合いに終始するケースが大多数のようです。もったいない気がします。

監査法人はあなたの会社の財務諸表に重大な虚偽記載がないかどうか、また会計原則に準拠して適性に表示されているかどうかをチェックするために監査を依頼されます。一見すると、お目付け役のようですが、会社側からすると、財務に関する良きアドバイザーになり得る存在です。

しかし、監査法人を上手に使っている経営者は少ないのです。

基本的には、どこの監査法人も経験豊かな公認会計士からなるプロの集団ですから、専門能力においては、どこもそれほど変わりません。

違うのは、単に専門家として対応しているだけなのか、それとも、一人の人間として、監査業務を体を張って行っているのかどうか、という点です。

要は、監査法人の担当会計士に、あなたの会社をよく理解し、少しでも良くするために誠心誠意

協力する気があるかどうかです。その目安になるのが、会計士に会社のチェックのみならず、経営陣といっしょになって問題解決する「起業家精神」があるかです。

私自身、米国のKPMGとプライス・ウォーターハウスという大手会計事務所系コンサルティング会社の出身ですので、業界でのネットワークはあるほうです。おかげさまで、上場を目指すベンチャー企業に、幾度となく監査法人を紹介してきました。

そのなかで、何度も感動させられたのがA監査法人です。

正確にはA監査法人の共同経営者兼担当パートナー（代表社員）3人がすごいのです。彼らが、顧客であるベンチャー企業のために、身を粉にするほど献身的な支援をしている姿を見て、本当に顧客を大事にすることがどんなことなのか、教えられた気がしています。

本当に何度も感心させられました。ちょうど成人式を迎える直前の子供を持つ親が、将来のため至れり尽くせりで世話をしているかのような愛情がこもっているのです。

何が違うかというと、彼らには経営者同様の「起業家精神」があるのです。「起業家精神」をもった会計士だからこそ、思いを同じにして、起業家を徹底的に応援できるのです。

監査法人には、経営上のよきアドバイザーになってもらおう。

フットワークと融通性のない主幹事証券会社は切り捨てる

多くのベンチャー企業は、上場に必要な「主幹事証券会社」選びに失敗しています。ただ単にパーティーでたまたま知り合ったとか、知人の紹介で依頼したなど、成り行きで決めてしまうからです。

実際に上場を果たすまでのプロセスでは、問題となる障壁がいやになるくらい出てきます。上場規定を最初からクリアできている企業などほとんどありません。実際には一つひとつ規定に合うよう解決していくのです。

ベンチャー企業は、主幹事証券会社のアドバイスと支援を得ながら、これらをドンドン乗り越えていかなければなりません。ですから、主幹事証券会社は、問題解決のためにどれだけ親身になって真剣に取り組んでくれるかが大切なのです。さらに言うと、担当者や証券会社と相性が合うかどうかが、大きなポイントになります。

主幹事証券会社を選ぶうえで考慮すべきことが、少なくとも二つあります。まず、フットワークがいいこと、そして融通性があることです。

もし、この二つが欠けているようなら、至急担当者を替えてもらうか、主幹事証券会社そのものを替えるべきです。**と言うのは、担当者や証券会社が協力的でない場合、上場準備がどんどん遅れ、上場時期も予定通りいかなくなるからです。**

それが長引くと、売上・利益額が減るなど、事業そのものへの悪影響が出てきます。

弊社は上場準備の支援も日本だけでなく国際的にもやってきましたが、主幹事証券会社、とくに担当者にフットワークや融通性がなければ、顧問先企業には容赦なく主幹事証券会社を替えてもらっています。

もちろん、厳格な上場審査をクリアするため、主幹事会社がベンチャー企業に対してある程度厳しいことを要求するのは当然です。

ですが、必要以上に融通性のない証券会社は、上場までの長い道のりのなかで、ベンチャー企業の経営陣や監査法人、あるいは弊社のようなコンサルタントと必ずもめることになります。相性が合わないことがわかった時点で、すぐに交替させるべきです。

実際のところ、どこの証券会社も専門能力にそれほどの違いはありませんので。

オマケの黄金ルール

主幹事証券会社は3社以上に当たって、一番相性のいいところを選ぶ。

CFOは経営者感覚を持って資金調達に邁進すべし

上場の準備で、社内において要《かなめ》になる人物が、最高財務責任者（CFO）です。

CFOの資質で一般的に重視されるのは専門的な経験や知識なのですが、私はむしろ、積極性、戦略性、責任感などが大切だと考えています。正確に言うと、経営者感覚、つまり経営者と同じ責任感と目線で考えて行動できるか、ということです。

CFOは、経営者と思いを共有して、戦略的かつ積極的に動かなければ成果は出ません。つまり、「CFOは将来の最高経営責任者（CEO）候補」なのです。

拙著『CFO 最高財務責任者』や『CFO入門 成功に導く40の解答』（いずれも日経BP企画刊）でも紹介しましたが、**CFOには、次の四つの大きな役割（業務）があります。⑴経営戦略執行業務、⑵価値評価業務、⑶リスク管理業務、⑷投資家とのコミュニケーション（IR）業務です。**

経理部長や財務部長とCFOとの違いはあまり理解されていないようですが、経理部長や財務部長が、主として過去の取引の記帳など後ろ向きで受け身の管理業務を行うのに対して、CFOは将来のための財務戦略を練り、前向きかつ能動的に財務管理を行います。

したがって、戦略的・積極的に財務管理ができない人は、経理部長や財務部長はできても、CFOはできません。

模範的なCFOに、東証一部上場のベンチャー企業であるイー・アクセスのエリック・ガン副社長がいます。彼の経営者感覚は、とくに先見性において並外れたものがあります。

彼は、米系大手投資銀行であるゴールドマン・サックス証券でトップ・アナリストとして業界で高い評価を得、同社でマネジング・ディレクターという要職を担っていました。しかし、イー・アクセスをゼロから立ち上げるため、CEOの千本会長に口説かれ、共同創業者になりました。

エリック・ガン副社長は、イー・アクセスがブロードバンドのインフラ事業を手がけ始めたことから、短期間で1000億円以上の資金調達が必要であることをすぐに察知しました。古巣のゴールドマン・サックス証券の米国本社に千本会長と乗り込み、出資させるなどして、実際にその資金調達をやってのけたのです。

凄腕CFOとは、まさに彼のような人物を指す言葉でしょう。


CFOは将来のCEO候補であることを、お忘れなく。

できるだけ低めの株価で上場しよう

いよいよ上場するタイミングを決めなければならなくなった時、主幹事証券会社、監査法人、ベンチャーキャピタル（VC）、投資銀行、銀行、コンサルタント、税理士等々の専門家たちが、いつ上場すべきかについてさまざまなことを言ってきます。関係者全員のアドバイスと経営者の考えが一致していればベストですが、そういうことはまずないのです。

私が上場支援をしてきたクライアントの場合、上場のタイミングについて、必ずといっていいほど、専門家たちと経営者では意見が分かれました。専門家は何かあれば責任問題になるので、当然のことながらより安全な上場のタイミングをアドバイスします。

しかし、経営者の場合、競合他社との熾烈な競争の真っ只中にいますから、安全性だけで判断するわけにはいきません。スピード、勢い、積極性、市場獲得、成長性、認知度など、いろいろな角度から、上場を経営戦略の一環として考える必要があります。

証券会社、VC、投資銀行は、上場した時の株価ができるだけ高くつけば、株を売ることでのキャピタルゲイン（見返り利益）やコミッションの報酬も高くなります。ですから、できれば株価が一番高くなるタイミングで上場させたいのが本音でしょう。

しかし、会社から見ると、上場するということは認知度を上げ、さらなる資金調達をしていくための、あくまでもスタートラインに立っただけなのです。

したがって、上場後も株価が自然に上がるだけの業績向上の目処がなければ、無理に高い株価で上場してはいけません。**むしろ、低めの株価で上場し、経営の実態である業績をよくし、それに伴って株価が上がっていくほうが、健全かつ安全な上場となります**。

イオングループの社内ベンチャーとしてアミューズメント事業部を立ち上げた辻善則氏（当時部長）は、岡田卓也イオン会長（当時）を説得し、株式会社イオンファンタジーを1997年2月に設立。2002年にジャスダック、03年11月に東証二部、05年2月に東証一部に上場させました。

上場時は1500円くらいだった株価が、その後毎年業績を伸ばし、徐々に増え06年1月現在で3倍以上になっています。上場のタイミングから株価設定までの決断をしてきたのが、ほかならぬ辻氏自身だったのです。

オマケの黄金ルール

上場のタイミングや株価は、経営者が決める。

上場直前の「戦争状態」では経営陣以外の調整役が必要になる

上場準備が始まると、社内外が一種の「戦争状態」になります。まずは、上場基準を満たすだけの売上と利益を確保しなければいけません。

そのためには、従来通りガンガン売るだけでなく、大型受注に繋がるように、大企業との業務提携などをドンドン仕掛けていかなければなりません。

同時に、利益率も上げなければなりません。社内のコスト削減や管理・事務面などの効率化も徹底する必要がでてきます。

上場のために、経営管理体制、さらには内部管理体制の確立を含め、好むと好まざるとにかかわらず、さまざまな専門家が関わってきます。

証券取引所、主幹事証券会社、監査法人、ベンチャーキャピタル、銀行、投資銀行、会計士、税理士、弁護士、保険会社、ＩＲ（インベスター・リレーションズ：投資家のための広報）コンサルタント、証券代行業者、印刷会社などです。

彼らからの理解・支援・指導は上場において必要不可欠です。さもなければ上場できません。

社内的には、CFO（最高財務責任者）や管理本部長が中心となってとりまとめるのですが、これがなかなか難しいのです。と言うのは、上場に向けて難題を超スピーディーに対応・解決させていくのが精いっぱいで、外部との交渉ごとまでは、処理しきれないのです。

上場直前は、CEO（最高経営責任者）もCFOもアップアップ状態となります。ですから、全体をコーディネートしてくれる外部の上場コンサルタントが必要になるのです。

上場コンサルタントには経営陣に代わって、専門家や業者の意見、アドバイス、リクエスト、クレームを聞き、利害関係の調整をしたうえで、彼らを上手にまとめて、敵を作ることはなくスムーズに上場までこぎつけるだけの能力や器がなければなりません。そうでないと、逆に、面白く思わない関係者に上場のじゃまをされたり、ブレーキをかけられてしまいます。

ですから、専門的な経験・知識・能力もさることながら、人間的に立派、要するに人格者でなければダメなのです。

私自身も日・米・アジアで上場コンサルタントとしてお手伝いしてきたわけですが、一つひとつが真剣勝負でした。おかげさまで、人間として成長させていただいています。

上場コンサルタントの「人間力」が、上場の成否を左右する。

GOLDEN RULE 79

上場に反対する同志には目もくれるな

みなさん驚かれるかも知れませんが、これまで20年以上、日・米・アジアで上場支援をしてきて、問題なく上場できた会社は1社もありません。

支援したベンチャーには、創業9か月で上場できた会社、創業して4年で売上1000億円を計上し上場した会社などもあります。それらの会社も一見順調なようにみえて、毎日が戦争でした。一歩間違えれば、上場どころか会社の存続すら危なかったケースばかりです。

企業は上場のためにつくられ運営されているわけではありません。しかし、一度上場を決めたからには、役人的発想で作られた矛盾だらけの上場規定に合わせ、会社の経営管理体制や内部管理体制も再構築しなければならないのです。

会社も生き物ですから、そもそも上場基準という狭い枠の中にはめ込むこと自体に無理があるのです。そうは言っても、大学に入るにも、暗記のための詰め込み学習をしないとクリアできない入学試験があるように、まずは、新しい戦場となる株式市場に入れてもらうための、「上場のルール」をクリアすることに、全力を注ぎましょう。

ただ、上場を目指すことは、戦争状態にも似た、大変な作業です。なぜなら、ヒト、モノ、カネ、情報が短期間で必要になるからです。

それを実行することを面白く思わない人々が、必ず出てきます。とくに、創業メンバーの中から出てきます。そんなケースは山ほどあります。

かえって事業でうまくいっている会社ほど、「なんでいま、無理して上場しなければならないのか？」と反対者や造反者が出てきます。これは上場する会社の宿命です。

あのマイクロソフトでさえ、ある創業メンバーはビル・ゲイツの上場決断に大反対し、会社を去っていきました。また、私が応援していたアマゾン・ドット・コムも、ものすごい勢いで伸びていたにもかかわらず、上場を決めてから社内外で大問題が次々と起こりました。

大成功したベンチャー企業でさえこうなのです。内部対立が起これば、専門家からは「これでは上場は無理です」と脅かされることでしょう。が、問題が起きても動揺せず、解決することだけに専念してください。上場において乗り越えられない問題など、ありませんから。

オマケの黄金ルール

上場において、反社会的な問題以外に乗り越えられない壁はない。

リード・ベンチャーキャピタルとがっちり組む

ベンチャーが急成長し、上場がスピーディーかつスムーズにできる仕掛けはいくつかあります。

その一つは、経営陣による会社の株式出資比率をできれば3分の2以上、少なくても3分の1以上を保持し続けながら、有力ベンチャーキャピタル（ＶＣ）1社に大型投資をしてもらうことです。そして、そのＶＣにリード・インベスターとして上場まで運命共同体を形成してもらい、経営陣といっしょに会社を育ててもらうのです。

米国ではこの手法が、ベンチャー企業を短期間で急成長させ、上場に導く最も有効な方法として実践されています。たとえば、米国の有力ＶＣであるセビン・ローゼンはコンパック・コンピュータ（現ヒューレット・パッカード）に大型投資をし、経営上のアドバイスや支援を強力に果たしながら、上場まで一挙に引っ張っていきました。

同じような企業として、アップル・コンピュータ、インテル、ウォルマート、マイクロソフト、オラクル、サン・マイクロシステムズ、デル・コンピュータ、アマゾン・ドット・コム、スターバックス、グーグルなどが挙げられます。

いずれも米国を代表して急成長し、大成功したベンチャーばかりです。

私が顧問をしていた米国ＶＣも、アップル・コンピュータ、デル・コンピュータ、アマゾン・ドット・コムに投資していました。リードＶＣが、真剣かつ全力で経営そのものを各社の経営陣といっしょになってやっていったプロセスを、感心しながら見てきました。

残念ながら、日本のベンチャー投資は米国のレベルには達していません。各ＶＣは３０００万円程度までを一律横並びに出資するケースが圧倒的に多く、責任を持って経営を支援し、会社と他の投資家をリードするＶＣが少ないのです。

それでも、日本でもＶＣによる米国式リード投資並びに本格的な経営支援が少しずつ浸透しつつあります。ジャフコ、ソフトバンク・インベストメント、エヌ・アイ・エフＳＭＢＣベンチャーズ、日本アジア投資などの日本の大手上場ＶＣも米国式リード投資を始めました。

ベンチャー経営者は、リード・ベンチャーキャピタルを利用し、大型投資と経営支援を受けて、会社を短期で急成長・上場させましょう。イー・アクセスはその良い成功例です（177ページ参照）。

オマケの黄金ルール

ＶＣの活用は大切だが、自社の出資比率も一定割合を維持すること。

会社設立9か月でも上場できる

ベンチャー企業が上場を果たすための一番のカギは、経営戦略でも財務戦略でもありません。売上を増やし利益率を高めること、つまりは業績を良くすることのみです。

業績が良くなっていけば、時間の問題で上場できます。

逆に、業績が良くならなければ、どんなに力のある主幹事証券会社やどんなに素晴らしい上場コンサルタントがついていたとしてもダメです。万が一、力ずくで上場できたとしても、後で「上場取り消し」等の厳しい反動が待っています。

上場準備に入ったら、経営管理体制や内部管理体制の確立、戦略的な事業計画の立案、予算管理、IR（投資家に対する広報）活動、組織編成等々、短期間でやらなければならないことは山ほどあります。

しかし、それらはあくまでも体裁を整えているだけで、**根本的にやらなければならないのは、業績を上げることのみです。売上を増やし利益率を高められれば、あとはすべてがついてきます。**

これから紹介する株式会社メディアシークは、設立後わずか9か月で上場を果たしました。その

オマケの黄金ルール

上場の近道は、業績をよくすることのみ。

エンジンとなったのが、西尾直紀社長の徹底した業績主義だと、私は確信しています。

メディアシークは、創業当時からお手伝いした会社です。同社は、アンダーセンコンサルティング（現アクセンチュア）の技術コンサルタント数名とエンターテインメント事業経営者により、2000年3月、東京都港区麻布台に産声を上げました。

主たる業務は、iモード等のデジタル情報メディアを活用したEビジネスに関するコンサルティングを行う「メディアコンサルティング&ソリューション事業」、及びiモードを使ったコンテンツ及び広告配信サービスを提供する「メディアイノベーション事業」などです。

2000年8月末で第1回決算をしたうえで、同年12月22日に東証マザーズに上場しました。設立9か月で上場とは、まさに空前の猛スピードです。

上場に必要な最低2期の決算が行われていなかったことや、上場基準期の売上規模が2億5000万円とあまりにも少ないことから、不可能と言われていた上場でした。

しかし、小さいながらも、第1回の決算終了後もどんどん業績を伸ばし、無事世界最短の上場を成し遂げたのです（以下、次項に続く）。

「絶対に上場させる」と決めたもん勝ち

「うちの会社は上場できるんでしょうか？」

上場コンサルタントという立場上、起業家からよく受ける質問です。正直言って、この質問に答えられる人は誰一人いないでしょう。ですので、私は逆にお聞きします。

「本当に上場したいのですか？」

と。返答はたいてい、次の通りです。

「はい。でも、できればいいのですが……」

「であるなら、『絶対に上場させる』と腹を決めて下さい！　すべては、それからです！」

私は、いつもこう申し上げています。

実際に上場できた会社とそうでない会社の決定的な違いは、上場に対する「トップの一念」です。

トップが「何が何でも上場させるぞ！」と腹を決めて動けば、まわりが引っ張られて団結し、不可能そうだった上場の道も開けてくるのです。

その良い例が、前項で紹介したメディアシークです。同社の上場は、まさに奇跡としか言いよう

トップの一念が、「上場という奇跡」を起こす。

がありません。高々2億5000万円の売上で、上場に必要な最低2期の決算はなく、たった1期、それも5か月間の決算のみで、会社設立からわずか9か月で上場できたのです！

その「奇跡」の理由を分析してみました。

成功の理由はいろいろあると思いますが、やはり、西尾直紀社長の徹底した業績主義でしょう。西尾社長は、表にこそあまり出しませんが、何があっても「絶対に上場させるぞ！」という強固な意志があったのです。その思いは、当時の彼の言動を見ていて強烈に感じました。

たとえば、西尾社長は起業当初から、大企業との大型契約を取ってきました。また、事業計画、販売計画、利益計画などを具体化させる前の時点で、最初から上場を見据えて、そのためにはまず売上・利益ありき、という発想だからこそできた、大胆な行動です。

しかし、多くの起業家は発想が主客転倒しています。「上場のための戦略」や「上場のための計画」を重視しすぎるのです。メディアシークの場合、経営陣は業績の向上こそが最も大事な上場の判断基準としました。これが、最大の勝因になりました。

83

「リバース・マージャー」で時間とコストを大幅に短縮する

上場に向けてコツコツと売上や利益を増やし業績を伸ばしていくことは、経営の基本として非常に大切です。

しかし、それでは時間がかかり過ぎ、なかなか上場レベルに達しないケースもあります。そんなときは、抜本的に経営戦略を練り直す必要に迫られます。

業績を短期でよくする手っ取り早い方法は、他社と戦略的な提携をして、提携した会社間で相乗効果を狙うか、他社との合併もしくは他社を買収して、一気に拡大を図ることです。つまり「規模のメリット」を活用し、競争力をつけようという試みです。

このサイクルの速い時代において、時間は非常に貴重です。ですから、経営戦略の一環として他社との合併、または他社の買収によって時間を買うことは、スピード力をつけるという大きな成果をもたらしてくれます。

しかし、拙速は禁物です。

2006年1月に起こったライブドア事件では、一時、IT関連の上場株が軒並み下落するなど、株式市場はもちろん、経済界全体が騒然となりました。

これは、91ページでも指摘している「ベンチャー企業が無理な拡大路線をとり始めたら、危なくなる」をまさに地でいったものでした。

そもそも、ベンチャーは上場することで、会社を社会の「公器」とし、経営陣のみならず、株主、取締役会、取引先、顧客、社員、監査法人、証券会社など全関係者から知恵と支援を得、厳正なチェックを経て、事業を通じて社会に貢献することが求められるのです。

「拝金主義」や「一攫千金」とは、一線を画す心意気を持ちましょう。

ところで、読者のみなさんは、「リバース・マージャー」という言葉をご存知ですか？

上場廃止になりそうなベンチャー企業を安く買い取り、吸収合併することです。これによって、上場準備でかかる時間と費用を大幅に浮かすことができます。これは、「上場の裏技」であり、米国ではれっきとした戦略的な上場方法として、認められています。

もちろん、法をおかすような行為は絶対にしてはなりませんが、上場を目指すベンチャーは、戦略的提携やM&Aを大いに活用したいものです。

戦略的な上場方法は、法的な観点から十分研究して活用しよう。

目先の短期利益で上場市場を選ばない

ひと昔に比べると、日本でも上場が容易になってきました。

少し前までは、店頭公開（上場）するのに、30年近くかかっていたのです。今では２～３年で上場できる企業もずいぶん増えてきました。すでに紹介しましたが、弊社がかかわったベンチャー企業でも、創業して９か月で上場するところまで出てきました。

今、ベンチャー企業が短期間で上場できるメジャーな新興株式市場は３つもあります。

まず、通称「**ジャスダック市場**」。前身は「日本版ナスダック」と言われた株式店頭市場で、実は米国ナスダックよりも早い１９６３年に設立され、日本証券業協会によって運営されています。公開企業は過去１５００社近くにのぼり、日本のベンチャー企業育成に大きな役割を果たしてきました。95年７月には当時の通産省（現経済産業省）のバックアップで、日本でもついに赤字でも公開できる、この「特則市場」が創設されたのです。

次は、「**マザーズ市場**」。東京証券取引所（東証）が99年11月に開設しました。いまや東証の第一部や第二部に並立する市場となりました。東証によると、マザーズは他の新興市場同様、以下のベンチャー企業のために設立されました。

(1)今後の成長・拡大が期待される分野に属する事業を主要な事業とすることで、高い成長の可能性があると認められる企業

(2)新たな技術・着想に基づく事業を主要な事業とすることで、高い成長の可能性があると認められる企業

ベンチャーが上場しやすい、3つ目のメジャーな新興株式市場は「**ヘラクレス市場**」（**旧ナスダック・ジャパン**）。2000年6月、大阪に設立されました。こちらは、大阪証券取引所において既存市場から独立した市場として取引が開始されました。

これらの3市場は、いずれも新興市場でありながら特色があり、ベンチャー企業の認知度アップと資金調達に大いに役立っています。かつては、「年商50億円以上、経常利益はその10％の5億円くらい」の業績でないと上場できませんでした。今は将来性があれば数億円の売上で赤字でも上場できます。それだけ上場が容易になっていますから、むしろ、目先の利益ではなく、5年後、10年後を見越して、自社に適した市場を見極めながら、上場のタイミングを図るべきです。

オマケの黄金ルール

赤字でも上場できるので、目先のことより長期的な経営戦略を。

ＩＲ力のない経営者に上場の資格はない

ＩＲとは英語のInvestor Relations の略で、日本語では「投資家への広報」と訳されます。いよいよ上場準備に入ったら、ＩＲ力が勝負です。

しかし、残念ながら、どれだけＩＲが大切かをほとんどの起業家は理解していません。

ＩＲで留意すべきポイントをわかりやすく言うと、いかに自分の会社に将来性があり、成長できるかをアピールすることです。

つまり、将来会社の業績がよくなり、株価が上がり配当が増えることから、どれだけ投資する価値があるかを「具体的」、「客観的」、「合理的」、「タイムリー」、「スピーディー」に伝えることが求められます。

既存の投資家や投資家候補、またアナリストなど会社を分析・評価し、それを公表する立場にある人々に対して、「正確」に伝える努力をすることです。その努力によって、上場時に株式がスムーズに売れるか、また「高過ぎずかつ安過ぎず」の適切な株価がつくかが決まるのです。

ＩＲ力は上場前も大事ですが、上場後はもっと重要になります。ポイントは、ＩＲを通じていかに会社の業績を正しく反映した株価にするかです。

欧米では、経営者にIR力があるのはあたりまえになっています。というよりも、投資関係者とうまく付き合えるIR力があるからこそ、経営者として選ばれるのです。

IR力の高い経営者には、しっかりした経営哲学がある、という共通点があります。

もともとベンチャーでは長期的計画が立てにくいにもかかわらず、3年後、5年後、10年後などの具体的な目標と計画を絶えず掲げ、それらを実現するための具体的な戦略・戦術・行動計画をも公表します。

そして、それらを具体的・現実的な年間・月間・週間・日々の行動計画に落とし込みます。

たとえば、エン・ジャパンの越智通勝社長、イー・アクセスの千本倖生会長、イオンファンタジーの辻善則会長、ワタミグループの渡邉美樹代表などが、IR力の高い経営者として、市場で認知されています。

IR力は学べば身につきますが、上場準備が始まると、スピーディーに実践しなければなりません。ですから、IR専門コンサルタントをうまく活用することもポイントになります。

オマケの黄金ルール

IR成功のカギは、社内外にIRのプロを置くことである。

月次決算は当たり前、日次決算だって目指したい

月次決算が必須であることは、上場準備に入った企業ならどこでもわかっています。上場を目指す企業の、いわば常識です。しかし、実際には形式的な月次決算をしている企業ばかりで、本当に効果・効率が上がる月次決算体制を敷いているところは少ないのです。

月次決算は、1か月間の財務・経営結果を月末直後に数値で集め、次の月初に短期間で、その全社的情報の集計と意思決定に役立つ分析を実施することです。社内の各部署は、いつまでに何をすべきかを明確に把握していなければなりません。

月次決算業務の期間は約10日だけですから、関連する部署はスピーディーに数値を集計し、経理部にそのデータを一元化する必要があります。

手作業では時間がかかり過ぎるうえ、間違えやすいことから、各部署のコンピュータ・システムを整え、スムーズに月次決算情報が収集できるよう、体制作りをしなければなりません。

営業部門で売上計上額を、製造部門で正しい原価計算に基づく原価の額を、そして、経理部門で各部門から報告されたデータに加えて本社での雑収入や経費などを合算させることで、全社的月次決算を実施します。

私の知る限り、創業以来の早い段階で月次決算体制を最も効果的・効率的に確立したベンチャー企業に、ソフトバンクがあります。同社は、機能したかどうかは別として、日次決算にも挑戦しました。孫正義社長が「スピード経営」を重視したためです。

ベンチャー企業の経営の場合、スピードが勝負ですので、日々大きな決断をしなければなりません。したがって、ソフトバンクのようにスピーディーな決算ができる企業は強いのです。

ソフトバンクが一時期、毎週のように企業提携や合併・買収（M&A）を実行できた裏には、こうした効果的・効率的な月次決算体制があったからなのです。

ベンチャー企業の宿命として、短期間で大企業にはできない急成長を遂げなければなりません。ですから、マイクロソフト、ヤフー、デル・コンピュータ、楽天、USEN、サイバーエージェントのように他社との提携やM&Aをドンドン行う必要があります。

そのためには、会計士・税理士事務所、監査法人、財務コンサルタントなどの専門家からのアドバイスのもと、効果的・効率的な月次決算体制の早期確立が必須なのです。


戦略的提携やM&Aには、効果的・効率的な決算体制が必須である。

後継者は育てるものではなく、勝手に育つもの

「社長、何でうちの会社は後継者を育てないのですか？　上場するのでしたら、後継者教育をもっとしたほうがいいのではないのでしょうか？」

「えっ？　育ってるんじゃない？　○○君、△△さん、XXさんなど着実に育っているよ」

「私が申し上げているのは、社内外の研修などの正式な後継者教育です。うちは全然やっていないので、人材が育ちにくいと思いますが……」

ベンチャー企業では実際によくある会話でしょう。社員からのこのような指摘も無理はありません。大企業と比較したら、当たっているのかも知れません。

しかし、ベンチャー企業と体制が出来上がっている大企業とをいっしょにしてはいけません。ベンチャーが大企業と同じことを始めたら、小さいながらの良さや強さが、なくなります。

私は、ベンチャー企業では「後継者は育てるものではなく、勝手に育つ」という体験を何度もしてきました。**ベンチャー企業には、大企業にない独特の企業文化が形成されます。その中で仕事していると、誰から教わることなく自ら学ぼうとする気運が出てきます。**

人材が自然に育たなくなったら、もはやベンチャーではない。

逆に社内にそんな雰囲気がなくなっているのであれば、その会社はすでに、なんでも学び挑戦しようとする「ベンチャー精神」がなくなっているので、急成長は望めません。

米国にいた頃、臨時で3社のベンチャー企業の最高経営責任者（CEO）をやらせてもらったことがあります。毎日が戦争状態で、とても社員を育てている余裕はありませんでした。ところが、ふと気がついたら有能なCEO候補が出てきたのです。

私は彼らを育てたことは一度もありません。彼らが私や他社のCEOを観察・研究し、どんどん育っていったのです。おかげで、3社とも短期で彼らにCEOの座を明け渡すことができ、私の任務は終わりました。その後、3社とも順調に業績を伸ばし続けています。

できる人は、育てなくても勝手に育つものです。育てなければ育たない人には、そもそもトップリーダーとしての資質はないのです。

上場後の「シナリオ」が上場の意義を決める

単に上場を目指すだけなら、上場するだけで精いっぱいになります。頑張って上場できたとしても、その後必ず行き詰まります。

上場時やその後の株価が適切なものになるか否かは、上場後の具体的な「シナリオ」次第なのです。

上場後も成長し続けられる現実的なシナリオ作りをしっかりせず、後に窮地に追い込まれたのが、株式会社タスコシステムです。

同社は２００１年９月にジャスダックに上場しました。しかし、実態を見ると、上場前からそばを中心に創作日本食を提供していた主要業態「高田屋」以外、継続的な成長のための戦力業態やシナリオを開発できないままで、無理して上場した経緯がありました。

案の定、タスコシステムは上場後から一挙に業績が悪くなり、株価も下がり続けました。その後、投資会社に買収され、その傘下で生き残りのための道を模索しています。

上場とは、ボクシングにたとえると、リングに上がり、正式な試合をすることです。

したがって、リングに上がる前に一生懸命練習するのはあたりまえのことで、むしろリングに上がった後、どうやって試合に勝つかの具体的なシナリオをいくつか用意し、シミュレートしておかなければなりません。

そうした準備をしないでリングに上がったとしたら、対戦相手も同じように練習してきているのですから、すでに負ける要因を自分で作っているようなものです。

逆に上場後のしっかりしたシナリオを描いていたのが、イー・アクセス株式会社です。同社のシナリオとは、(1)最速ＡＤＳＬサービスの提供、(2)ＩＳＰ事業の開始、(3)モバイル・ブロードバンド通信事業の開始などです。

このシナリオをもとに、上場前から具体的に準備し、上場後もそれを着実に実行することで急成長を続けているからこそ、投資家からずっと高い評価を得ているのです。

上場後のしっかりしたシナリオを準備している会社は、既存株主や投資を検討している人々に安心感と期待感を与えます。

そして、会社の大事な価値評価の指標の一つである、時価総額をも押し上げる効果があります。

それが上場会社の「本当の実力」なのです。

上場後も急成長できることを確認してから、上場しよう。

過去の主要事業や後ろ向きな創業メンバーを「捨てる勇気」

上場準備に入ると、それまで攻撃的に経営してきた起業家も徐々に保守的になっていきます。

それもそのはず、主幹事証券会社や監査法人など上場支援のプロから、失敗したら上場できなくなるので、上場後までは新しいことをするのを控えるよう指導されるからです。

しかし、**単に上場するだけでなく、上場後も大きく飛躍したいのであれば、どんどん新しいことに挑戦すべきです**。現状維持という守りの体制に入った企業は、ある期間将来の布石を打たないわけですから、たとえ上場できたとしても、その反動で衰退する原因を作ったことになります。

株式市場においては「進まざるは後退」です。

私が見てきた会社で上場後も急成長してきたところは、例外なく上場準備期間でも次々に新しいことを手がけていました。

アマゾン・ドット・コム、アップル・コンピュータ、インテル、ウォルマート、グーグル、ソフトバンク、デル・コンピュータ、ヒューレット・パッカード、マイクロソフト、イー・アクセス、楽天、サイバーエージェント等々……。

いずれも新しいことに挑戦し続け、マスコミをにぎわせてきたベンチャー企業ばかりです。

新しいことに挑戦するということは、古いことや将来に繋がらないことを捨てることでもあります。たとえ過去に主要事業であったとしても、先細りや利益を生まなくなるものは、勇気を出してバッサリ切り捨てなければなりません。

そして、その勇断ができるのはトップだけなのです。

また、上場を目指し始めると、ついて行けない創業メンバーが反対し、社内的にもめるケースも多くみられます。起業家は辛い創業期をいっしょに頑張った戦友を失うべきか、それとも上場をあきらめるべきか悩みます。

しかし、一人でも社員を雇った時点で会社は「社会の公器」であり、その日から会社のため、社会のためになることを選ぶのが、トップの仕事なのです。

ですから、たとえ長年の戦友でも、情に負けず、本来の社長としての勇断をすべきなのです。誰がじゃまをし、反対しようと。上場を目指すということは、そのじゃまをするもの、不合理なものを「捨てる勇気」を持つことでもあります。

オマケの黄金ルール

上場後も飛躍するため、上場準備期間中も新しいことに挑戦しよう。

90 GOLDEN RULE

ベンチャーの強さは「目に見えない伝承力」で決まる

イオン、セブン＆アイ・ホールディングス（旧イトーヨーカ堂）、キヤノン、ソニー、ホンダ、松下電器産業等々は、もともとはベンチャーだった企業です。大企業になった今でもその企業文化となっている強烈なそれぞれの「創業の精神」は脈々と受け継がれています。

その理由は、創業時から上場前までの間に、創業者たちが強烈かつ独自の企業文化を創り出したことにあります。

よく勘違いされますが、最も強い企業というのは、商品力、サービス力、システム力、技術力、資金調達力などがあるところではありません。

それを生み出す人材がいるところであり、もっと突き詰めて言えば、**その人材が自然と集まり、個性を活かし、最高に力を出せるよう強烈かつ独自の企業文化を創っているところです。**

すでに説明しましたように、人材は育てるものではなく、すぐれたリーダーの下で、その言動を学び自然に育っていくものです。

逆に人材が育たないのは、教育の問題ではなく、その組織にすぐれたリーダーがいないため、そ

上場するまでに「創業の精神」を企業文化として強烈に根づかせる。

のリーダーシップを学べないからです。

私塾「松下村塾」はたった二年半の小さなあばら家での訓練で、高杉晋作、木戸孝允、久坂玄瑞、山縣有朋、伊藤博文など、当時の日本を代表する若きリーダー約80人を輩出しました。

その秘密は、同塾が「志高く、人格の修行を柱とし、社会に有用な人材の育成を眼目として、塾生の個性を尊重した」からです。

塾には、当時の日本の教育機関では考えられない強烈で独自の文化が出来上がっていました。というのは、塾長だった吉田松陰は、厳正な規則を定めず、塾生が親しみ助け合い、尊敬・信頼する一方、競争相手としても切磋琢磨するという組織文化を努力して創り上げたからです。

同じような文化を、米国を代表するベンチャーであるウォルマート、サウスウエスト航空、マイクロソフト、デル・コンピュータ、ヤフー等を訪問した際、強く感じました。ドライと思われる米国企業でも、「創業の精神」が脈々と受け継がれているのです。

浜口直太（はまぐち　なおた）

1960年生まれ。株式会社JCI代表取締役会長兼社長。

創価高校、創価大学経営学部経営学科卒業。テキサス大学経営大学院MBA取得。同大学院博士課程、さらにウォートン・スクール博士課程で財務・国際経営を専攻する傍ら、同大学院で教える。

米KPMGピート・マーウィック、米プライス・ウォーターハウスを経て、米国で経営・起業コンサルティング会社を設立。その後、東京に国際ビジネス・経営コンサルティング会社「株式会社JCI」を設立し、代表取締役に就任。外資系ベンチャーキャピタル（VC）のマネジング・ディレクターを経て、日米のVCやベンチャー企業数十社の役員を兼務している。

日・米・アジアを中心に総合的な国際ビジネス・経営（起業）コンサルタント並びに国際ベンチャーキャピタリストとして活動中。これまで、日・米・アジアで1200億円以上の資金調達と50社以上の上場を支援してきた。

著書に、『あたりまえだけどなかなかできない仕事のルール』（明日香出版社）、『CFO　最高財務責任者』『MBAでは学べない勝つ経営の本質』（日経BP企画）などがある。

＜連絡先＞
株式会社JCI
東京都千代田区麹町4−1−5
TEL（03）5226−5081
http://www.jci-inc.com
e-mail　nate@jci-inc.com

凡人《ぼんじん》でも上場《じょうじょう》できる！　起業《きぎょう》の黄金《おうごん》ルール

2006年2月10日　初版発行

著　者　浜口直太

発行者　上林健一

発行所　株式会社 日本実業出版社　東京都文京区本郷3−2−12　〒113-0033
大阪市北区西天満6−8−1　〒530-0047
編集部　☎03-3814-5651
営業部　☎03-3814-5161　振　替　00170-1-25349
http://www.njg.co.jp/

印刷／壮光舎　　製本／若林製本

ISBN 4-534-04026-1　Printed in JAPAN